Un auteur chanté
n'est pas forcément entendu
ni payé

Du même auteur*

Romans

Le Roman de la Révolution Numérique
La Faute à Souchon ?
Quand les familles sans toit sont entrées dans les maisons fermées
Liberté j'ignorais tant de Toi
Viré, viré, viré, même viré du Rmi !
Ils ne sont pas intervenus

Théâtre

Neuf femmes et la star
Les secrets de maître Pierre, notaire de campagne
Ça magouille aux assurances
Chanteur, écrivain : même cirque
Deux sœurs et un contrôle fiscal
Amour, sud et chansons
Pourquoi est-il venu ?
Aventures d'écrivains régionaux
Avant les élections présidentielles
Scènes de campagne, scènes du Quercy
Blaise Pascal serait webmaster
Trois femmes et un Amour
J'avais 25 ans
« Révélations » sur « les apparitions d'Astaffort » Brel / Cabrel

Théâtre pour troupes d'enfants

La fille aux 200 doudous
Les filles en profitent
Révélations sur la disparition du père Noël
Mertilou prépare l'été

* extrait du catalogue, voir www.ternoise.net

Stéphane Ternoise

Un auteur chanté n'est pas forcément entendu ni payé

Jean-Luc PETIT Editions - collection chansons

Stéphane Ternoise versant chansons :

http://www.chansons.org

Tout simplement et logiquement !

Tous droits de traduction, de reproduction, d'utilisation, d'interprétation et d'adaptation réservés pour tous pays, pour toutes planètes, pour tous univers.

Site officiel : http://www.ecrivain.pro

© Jean-Luc PETIT - BP 17 - 46800 Montcuq – France

Stéphane Ternoise

Un auteur chanté n'est pas forcément entendu ni payé

Quand tu ne chantes pas, ne composes pas, tu te demandes où proposer tes textes destinés, selon tes vagues idées et critères, à la chanson... Cette expérience, des millions de "poètes" l'ont sûrement vécue... Alors, plusieurs voies s'offrent aux "jeunes" (peut-être pas d'âge pour débuter dans ce domaine... De Jordy à 97 ans ?...) mais toutes aboutissent à la même nécessité d'être chanté !

Dans le monde de la chanson, "faire fortune" ne nécessite pas forcément des paroles essentielles... La chanson, à grande échelle, c'est du divertissement, géré par des marchands et des multinationales. On ne va quand même pas effrayer les annonceurs ! Un parolier peut essayer de s'installer sur un strapontin des majors pour vraiment entrer dans la carrière quand un notable se couchera au cimetière... Les industriels ont besoin de bons tâcherons. Un auteur peut viser une œuvre, avec le moins possible de facilités, même si des interprètes lui en réclament ou s'en contentent...

Comment intéresser des chanteurs ? Jean-Louis Aubert aurait tout simplement acheté un recueil des poèmes de Michel Houellebecq avant de réaliser un album... Julien Clerc aurait flashé sur des textes reçus de manière anonyme... Certes sur son fax ! (où normalement s'affiche le numéro de l'expéditeur). Contrairement à Carla Bruni j'ignore son numéro de fax et mes bouquins ne sont pas distribués dans le point presse fréquenté par l'ex-leader de Téléphone...

Comment intéresser des chanteurs ? J'en ai rencontrés des centaines, dans "la vraie vie". Des milliers, sûrement, ont consulté mes textes, sur le net, depuis l'an 2000... Quelques recueils circulent également...

Comment intéresser des chanteurs ? Internet... C'était déjà ma conviction en l'an 2000, "la vraie vie" s'avérant trop restreinte (surtout quand on vit dans le Quercy sans particulièrement affectionner les voyages)... Il faut croiser la bonne personne... Certaines compromissions peuvent être envisagées "pour percer"... Ma vie loin du show-biz, à la campagne, n'est pas forcément votre souhait... Malgré cette "marginalité", 23 interprètes officiellement répertoriés... Un auteur chanté n'est pas forcément entendu... 68 textes officiellement chantés (droits sacem...), réflexions et confidences...

Stéphane Ternoise
http://www.chansons.org

Les bulles

Musique : Renée-Claude Gaumond et Philip Bayle.
Interprétation : Renée-Claude Gaumond.

Il fallait bien débuter !

Ma première chanson interprétée en public, ce fut à la "Music'Hall" d'Astaffort, en première partie de Louis Chedid, le samedi 7 mars 1998, par Renée-Claude Gaumond, sur une musique de l'interprète associée à Philip Bayle.
Il s'agissait d'un spectacle en clôture des "rencontres d'Astaffort". Je leur avais envoyé deux "textes bancals", du genre poésie rimée, "Assedic Blues" et "Pas belle"... Et fus « l'un des huit auteurs francophones retenus par Francis Cabrel et Richard Seff. »
Alors l'unique représentant de notre région Midi-Pyrénées. Il en fallait un ?

Cette chanson, simple travail sur des rimes lancées lors de la formation des groupes, fut retenue... Une autre, considérée nettement meilleure par toutes et tous, *les vanneaux*, ne passa pas la sélection... J'en cause dans le roman "*la faute à Souchon ?*", sujet d'une lettre recommandée de l'avocat de messieurs Cabrel et Seff, avec exigence de retrait d'extraits bien référencés sur le net...

Depuis, *les vanneaux* est resté au fond du tiroir, la chanteuse Québécoise semble avoir essayé de percer en France, avec le compositeur connu dans le Lot-et-Garonne... Avant de retourner du côté de Montréal. Les deux sont rapidement sortis de ma vie...
On se retrouvera ?... Tout est possible, rien n'est certain, dans ce domaine également...

Découverte : les "droits sacem", le plus souvent, ne sont pas versés aux modestes auteurs... Il a suffi d'instaurer une astuce : la "cotisation sacem", en hausse régulière, grignote l'argent dû et le seuil de "virement à échéance" devient plus difficilement atteignable... La fois suivante, la "cotisation sacem" repassera...

Les bulles

J'ai peur des bulles
Bulldozers
Et des pitbulls
J'ai peur des bulles
Zéros pointés sur mes bulle-tins
J'ai peur des bulles
Bulldozers
Et des pitbulls
J'ai peur des bulles
Bulles d'air pointées qui viennent tout arrêter

J'aime les bulles
Qui s'envolent
Quand soufflent les gamins
J'aime les bulles
Doux coussins,
Quand je voyage, en recommandé

J'aime les bulles qui me font tourner la tête
J'aime les bulles des soirs de fête
J'aime les bulles qui me font tourner la tête
J'aime les bulles des soirs de fête

J'ai peur et j'aime
Et si un jour la bulle servait à m'isoler ?
Et si un jour le voyage s'achevait à Istanbul-le ?

Quel sera ce monde, des hommes sous bulles
Quel sera ce monde de somnambules
Monsieur Bull, Monsieur Bull, Monsieur Bull,
Monsieur Bull

Afrique / Occident

Après Astaffort, attendre un miracle ? Genre, un album du maître piochant dans les pages de ses stagiaires ? Je tentais le chantier des *Francofolies* de La Rochelle, normalement réservé aux interprètes, aux groupes... Mars 2000 : cours de chants... scène... avec Souad Massi à la guitare ! Oui, j'ai chanté !
Ainsi, en juillet 2000, j'obtenais une invitation aux vraies *Francofolies*, avec "le pass artiste" indispensable pour essayer de placer ma promotion... Une seule vraie rencontre : le plus souvent les vedettes, déjà suffisamment pourvues en camarades, s'en foutent des paroliers... Avec Sami Rama, star au Burkina Faso, on restait en contact. Février 2001 : *Afrique / Occident* dans son album "*Afriquii Bii ? Afrique où vas-tu ?*" Avec cet opus elle franchissait une nouvelle étape, remportant le *Kundé d'or*, meilleure interprète de l'année (l'équivalent des françaises *Victoires de la Musique*).

Afrique / Occident   Musique d'Abdoulaye Cissé

On parle misère maladies
Magouilles polygamie
Africa tu as le soleil
Mais pas les merveilles

Les portraits inventés
Au temps des colonisés
Il faut te tenir la main
Tu n'es pas très malin

On parle d'un Eldorado
D'un salaire à rien faire
Occident tu as le savoir
Mais tu ne sais plus croire

Le sourire paternel
Qui se veut universel
Plus de particularisme
Avec ton humanisme

> *De chaque côté des clichés*
> *Et ceux qui savent tricher*
> *Propagent leur vérité*
> *Et les contre-vérités*
> *Et les cris des autres restent lettre-morte*
> *Africa Africa*
> *C'est nous les plus forts*
> *Europa Europa*
> *On est les plus fous*

Mais quand il rêve d'ailleurs
Même si ça lui fait peur
L'Africain rêve d'Occident
Pour y rester longtemps
Le luxe le modernisme
Et tout ce gigantisme
L'appel des droits de l'homme
Et de France Telecom

Mais quand de sa vie il dit
« J'en ai perdu le fil »
L'Occidental pense à l'Afrique
Où y'a pas le Dieu fric

Comme une terre d'asile
Avec le soleil à gogo
Et pour trouver le repos
Les tam-tams à gogo

> *Africains Occidentaux*
> *Dans la bouche les mêmes maux*
> *On pourrait en profiter*
> *Pour un jour s'écouter*
> *Pas pour oublier*
> *Mais assumer notre passé*
> *Africa Africa / On est les plus forts*
> *Europa Europa / C'est nous les plus fous*

Loana

Presque 15 ans plus tard, le texte semble avoir mieux vieilli que l'icône de la télé réalité, même si elle peut présenter un best-seller "littéraire", publié aux "exigeantes" (selon l'expression du milieu) éditions Pauvert "*Elle m'appelait... miette*", une "autobiographie" dont plus de 100 000 exemplaires se seraient écoulés, mais aussi des chansons, singles produits par M6 Interactions, distribués par Sony Music (également distributeur de Francis Cabrel) ; elle fut même mannequin pour Jean-Paul Gaultier, honneur sûrement recherché (messieurs Francis Cabrel et Richard Seff l'ont-ils obtenu ?).

Loana avait gagné, en 2001, la première émission de télé dite réalité française, *Loft Story*, sur M6. Et Pierre Galliez aima mon texte *Loana*.

Grâce à NOTES, la revue de la SACEM, j'étais entré en contact avec lui. En l'an 2000, la sacem se prétendait au service des jeunes sociétaires et avait proposé aux "nouveaux" de rédiger une présentation. Je fus le seul dont uniquement les coordonnées franchirent le service de la censure. Terme inapproprié ? En tout cas, aucune explication ne me fut fournie sur ce refus de ma notice où certes l'adresse de sites Internet figurait. J'avais donc envoyé un mail à l'ensemble des "collègues" l'ayant divulgué...

900 kilomètres plus haut, à Vieux-Condé, près de Lille, Pierre Galliez appartenait également à la catégorie "jeune membre", section de plus de 60 ans, entré dans la création à la retraite... Auteur, compositeur et interprète il s'intéressait à mes textes et le côté impertinent ne le rebuta point...

La chanson, en maquette, envoyée sur *France-Inter*, nous laissait espérer une belle aventure : Jean-Baptiste Tuzet et Alessandro di Sarno la programmaient le 8 septembre 2001, après une élogieuse présentation (émission *Absolument Fabuleux*).

Loana

Ils appellent ça
  Un conte de fée
Offrir une vie de friquée
  À une paumée
Loana dans les médias
Loana nouvelle Diva

Hosanna
Loana au plus haut des cieux
Hosanna
Loana côtoie les Dieux

José Bové
  Commençait à lasser
Fallait quelqu'un de nouveau
  À la une des journaux
Les années sans coupe du monde
Ça fait bien de prendre une blonde

Hosanna
Loana au plus haut des cieux
Hosanna
Loana côtoie les Dieux

C'est le pouvoir
  D'un producteur
D'une pin-up à camionneurs
  Nulle à ses heures
On étale une femme fatale
On expose une petite rose

Hosanna
Loana au plus haut des cieux
Hosanna
Loana côtoie les Dieux

Mais faut pas croire
  Que la morale
De c'qu'on appelle belle histoire
  Ce faux miroir
C'est qu'un peu de silicone
Change la vie d'une conne

Faut pas le croire
  Faut pas le croire
Personne n'en parlera
  Des sous-Loana
Et quand elle vous lassera
C'est p't-être mon tour qui viendra

Hosanna
Loana au plus haut des cieux
Hosanna
Loana côtoie les Dieux

Au studio, un "bon conseil" a convaincu Pierre de remplacer "conne" par "personne". S'il m'avait appelé, je lui aurais proposé "icône".

En novembre 2001, un CD 5 titres, sous pochette jaune, sortait : « *Loana (suite...)* »

Loana et Pierre Galliez auraient dû se rencontrer... le 2 Avril 2009 ! Les médias ont titré « *Loana : malaise à la matinale de Cauet.* » Mais personne pour se soucier qu'un malaise lui évitait cette confrontation.
Donc pas de duo ce jour-là sur le texte "*Loana*" !... Pierre Galliez également aurait pu exposer ses problèmes de santé, dus à l'âge... il avait 70 ans... Loana 31 ans...

Les feuillets de répartitions de la sacem arrivent au maximum quatre fois par an : janvier, avril, juillet, octobre. Le plus souvent avec "*solde non réglé, s'ajoutera à votre prochaine répartition*".

La Folie

La folie
Est-ce l'hérédité
Ou l'écran télé
Qu'elle fixait du matin au soir
Peut-être parfois sans même le voir ?

La folie
Qui l'a emportée
Dans le monde qu'elle enviait
Elle me le vantait si souvent
Et pas seulement ces derniers temps

La folie
En elle j'ai la foi
Ce sera ma joie
Je ne veux pas la voir la fin
De ce si mauvais film

La folie
Guignol de l'écran
Avec lui elle blague
Aujourd'hui elle voit tant d'amis
Elle vit à Prague ou Copenhague

La folie
Enfant qui t'affoles
Je ne suis pas folle
Comprends avant d'être chauve
Qu'elle seule nous sauve

La folie
Ces vies démolies
Où elle fait son lit
Ou est-ce nos jolies embellies
Qui sont des anomalies ?

> Dans le CD « *Loana (suite...)* », Pierre Galliez interprète également ce titre.

Trouver quelqu'un

Le samedi soir
On est tous à y croire
Et en semaine
Parfois on se promène

On dit bonjour
On sourit presque toujours
La bonne humeur
Ses effets sur le cœur

Trouver quelqu'un
Quelqu'un de très très bien
Au moins quelqu'un
Pour être bien
On veut trouver quelqu'un
Tenir sa main
Du soir au matin

Même dans un bar
On peut voir un vrai regard
Aux terrasses
Y'a pas qu'du strass

Quand vient l'été
C'est des jours sans s'arrêter
Sur la plage
De nouveaux visages

Trouver quelqu'un
Quelqu'un de très très bien
Au moins quelqu'un
Pour être bien
On veut trouver quelqu'un
Tenir sa main
Du soir au matin...

Gérald Devaux, dans le CD « *Loana (suite...)* »

3, 4 WHISKIES

Trois, quatre whiskies
Et tu oublies
T'enterres tes galères
Au fond des verres
Dans ces larmes d'alcool
Tu t'envoles
Tu noies tes paroles
Dans ces vapeurs de niole

Trois, quatre whiskies
Et tu t'enfuies
De rasades en rasades
Tes Shéhérazade
Te racontent
Mille et une nuits
Vident sur ton compte
Et s'extasient
Sur ces rivières que t'engloutis

Ça rime à quoi l'Amour
Si t'es pas prêt à souffrir pour
Tu trimes pourquoi le jour
Si après t'attends pas l'Amour

Trois, quatre whiskies
Et tu guéris
T'endors tes brûlures
Tes blessures
Seul ce liquide inonde
Tes plaies profondes
Ces mêmes qui grondent
Et te rappellent les bombes

Trois, quatre whiskies
Et tu maudis
Tous ces ronds de cuir

Qui te firent cuire
Sous ce soleil, ces marécages
Tu te réveilles toujours en nage
Tu vois du sang sur les nuages

Ça rime à quoi l'Amour
Si t'es pas prêt à souffrir pour
Tu trimes pourquoi le jour
Si après t'attends pas l'Amour
Ca rime à quoi tout ça
De tituber
De bégayer
Seul sur ton pallier

Trois, quatre whiskies
Et tu leurs cris :
« La guerre du Vietnam
A eu mon âme »
Alors de gorgée en gorgée
Tu veux chasser ces égorgés
Le souvenir des mutilés

Ça rime à quoi l'Amour
Si t'es pas prêt à souffrir pour
Tu trimes pourquoi le jour
Si après t'attends pas l'Amour

C'est pas la mer à boire
Encore d'aimer
C'est pas amer
L'amour, c'est jamais périmé

Ca rime à quoi l'amour
Ca rime à quoi l'amour ?

De l'album « En vert et contre TOUT »
Magali Fortin, 2002

En 1999 Magali Fortin produisait « *Rocking chair* » et participait "à son tour" aux Rencontres d'Astaffort du maître (comme dirait Odette dans la pièce de théâtre "*neuf femmes attendent la star*", sûrement sans rapport avec monsieur Cabrel)...
L'année suivante, Internet débarquait enfin dans ma vie ! (raccorder la campagne de Montcuq fut sûrement compliqué...)
Magali également a cru en "la magie du net" quand nos musicales sommités le regardaient de haut... et notre démarche d'indépendance fut une invite au dialogue...

D'un texte tournant autour de « *Ça rime à quoi l'Amour / Si t'es pas prêt à souffrir pour / Tu trimes pourquoi le jour / Si après t'attends pas l'Amour* » Magali m'a emmené vers un hymne « *aux rescapés du Vietnam des deux camps et aux autres qui ont besoin de l'alcool pour oublier les atrocités d'une guerre, d'une vie* », et j'ai également suivi sa musique...
Pour la première fois, je travaillais ainsi, avec d'abord l'impression d'un texte très éloigné de "mes idées".
Je m'étais mis au service d'une interprète... Je n'aurais pas pu écrire ce texte sans les retours de Magali...

Pourtant, 15 ans plus tard, nos bises restent virtuelles, du clavier à la voix au téléphone... Elle est de "l'autre sud", à l'est... Elle n'a pas encore eu l'occasion de chanter vers Cahors et aucune invitation pour dédicacer mes livres du côté d'Istres. Pourtant, j'ai l'impression de la connaître mieux que le maire du village. Et surtout, je l'apprécie... (seul un miracle catapulterait ces lignes devant les yeux d'un élu peu soucieux des travaux littéraires de ses administrés, donc il s'agit juste d'une remarque entre nous)

Avec la mise en ligne des documents de la sacem, je découvre des répartitions inédites... Entre 581 et 583 reçues, il exista la 582 du 04.04.2003. Avec "*copié privée sonore*" *Trois quatre whiskies* : 1 euro 61.
Le solde antérieur de la répartition suivante plafonnait pourtant à zéro. L'argent de la copie privée des pauvres est ainsi capté...

Les hirondelles

Elles annonçaient le printemps
C'était y'a pas longtemps
C'était une nuée
Sur les fils électriques
Et toute la journée
C'était mon Amérique

Reviendront-elles dans ma cour
Les hirondelles des beaux jours ?
Où sont-elles ? Où sont-elles ?
Les ribambelles d'hirondelles

Chaque printemps toujours moins d'ailes
Que l'année précédente
De belles élégantes
Aujourd'hui voir deux ailes
On a peur pour elles
Pour ce frêle arc-en-ciel

Reviendront-elles dans ma cour
Les hirondelles des beaux jours ?
Où sont-elles ? Où sont-elles ?
Les ribambelles d'hirondelles

Est-ce l'odeur industrielle
Une secrète querelle ?
Est-ce les Hommes cruels
La fin des migrations
Sur un archipel
Sédentarisation ?

Reviendront-elles dans ma cour
Les hirondelles des beaux jours ?
Où sont-elles Où sont-elles ?
Les ribambelles d'hirondelles

Pierre Galliez, en public (droits sacem 2003)

Mes amis d'autrefois

Mes amis d'autrefois
On s'aperçoit parfois
Ils font les très pressés
Ou ailleurs vont passer

Au temps des belles études
Pour tous l'insouciance
C'était une certitude
Notre éternelle alliance

Malgré de belles études
Je n'ai pas réussi
J'suis plus d'leur latitude
Plus d'la même galaxie

Mes amis d'autrefois
On s'aperçoit parfois
Ils font les très pressés
Ou ailleurs vont passer

Je n'ai pas fait le beau
Pour arriver en haut
J'n'ai pas tout sacrifié
Je n'ai rien falsifié

Pour eux j'suis un perdant
Ça gêne pas mon sommeil
J'ai santé et enfants
La vie elle m'émerveille

Mes amis d'autrefois
Ont-ils encore la foi ?
J'en doute pas que parfois
Chers amis d'autrefois

                Pierre Galliez, en public (droits sacem 2003-2004)

Deux albums furent en projets (maquettes) : l'un en français, l'autre en chti. C'était avant "*bienvenue chez les ch'tis.*"

À la braderie

Elle lui a dit
« *Ce soir je s'rai à la braderie* »
Et c'est là qu'ils se sont revus
C'est ce soir-là
Qu'ils se sont vraiment connus
Et c'est ce soir-là
Qu'il la raccompagna
Et cetera et cetera ...

Des histoires comme ça
Y'en a au moins trois
Dans toutes les rues
Vingt-trois
Dans toutes les avenues

À la braderie
Qu'on s'y connaisse
Ou qu'on s'y revoie
C'est à la braderie
Qu'on laisse
Éclater notre joie
À la braderie (bis)

Elle lui a dit
« *Faut qu'je rentre avant minuit* »
En gars sympa il a souri
Le lendemain
À huit heures seize du matin
Dans ses p'tits bras
Une femme se réveilla
Et cetera et cetera...

Des histoires comme ça
Y'en a au moins trois
Dans toutes les rues

Vingt-trois
Dans toutes les avenues

Il a sourit
Quand la belle lui a dit merci
C'était pour ses petits yeux
Espiègles un peu
Qu'il acheta cette babiole
Dont elle raffole
Devenue leur idole
Et cetera et cetera...

Des histoires comme ça
Y'en a au moins trois
Dans toutes les rues
Vingt-trois
Dans toutes les avenues

C'est des moules frites
Qu'à la va-vite on ingurgite
Quand on les noie trop dans la bière
Y'arrive qu'les moules
Dans l'estomac fassent les fières
Tant pis pour la foule
Faut bien qu'les moules touchent terre
Et cetera et cetera...

Des histoires comme ça
Y'en a au moins trois
Dans toutes les rues
Vingt-trois
Dans toutes les avenues

     Pierre Galliez, en public (droits sacem 2004)

Une version en chti existe.

Quand les bulles ne sont plus rondes

Quand les bulles ne sont plus rondes
Quand les bulles
Ne sont plus rondes
Je te regarde attendri
Et je me dis
Qu'ils sont ridicules
Ceux qui te trouvent immonde
Mon ami le monde

Le monde
Quand les bulles
Ne sont plus rondes
Le monde
Il est beau
Il est beau
Comme les bateaux
Qui sont sous l'eau
Le monde
Quand les bulles
Ne sont plus rondes
Le monde
Resplendit
Resplendit
Comme les caddies
Un samedi

Quand les bulles
Ne sont plus rondes
Je me ballade dans la nuit
Et je me dis
Que j'ai des amis
De vrais amis pour la vie
Je cris « vive la vie »
Quand les bulles
Ne sont plus rondes

Je te regarde attendri
Et je me dis
Qu'ils sont ridicules
Ceux qui te trouvent immonde
Mon ami le monde

Alors voilà
Vous savez pourquoi
Quand je perds la foi
Ou mes illusions
Souvent je vous réponds
Laissez-moi picoler en paix
Laissez-moi picoler en paix
Laissez-moi
Parce que le monde
Je veux le voir beau
Beau comme les bateaux
Comme les bateaux
Qui sont sous l'eau

Le monde
Quand les bulles
Ne sont plus rondes
Le monde
Il est beau
Il est beau
Comme les bateaux
Qui sont sous l'eau

Le monde
Quand les bulles
Ne sont plus rondes
Le monde
Resplendit
Resplendit
Comme les caddies
Un samedi

Pierre Galliez, en public (droits sacem 2004)

Les Noix

Y'en avait plein sur l'arbre
Des noix
C'était en septembre
C'était dans un mois
Qu'elles devaient tomber
Qu'on devait se régaler

Y'en avait plein sur l'arbre
Des noix
Mais dizaines par dizaines
Elles disparaissaient
Notre maraudeur
Venait toujours aux mêmes heures

Fallait-il tuer l'écureuil
Ou des noix faire son deuil ?

Y'en avait moins sur l'arbre
Des noix
Par terre on les comptait
Les coquilles vides
Tu en penses quoi toi ?
De l'écureuilicide ?

Faut-il tuer un écureuil
Ou des noix faire son deuil ?

Sur le grand arbre des voisins
Aussi
Il passait chaque matin
Eux ont des fusils
Gueulèrent du balcon
On a sauvé la saison

Oui on aura des noix
Mais de les manger pas de joie

Pierre Galliez, en public (droits sacem 2004)

Faire Succès

Si tu veux faire succès
Demande aux spécialistes
Le nom d'un bon cycliste
Fait rimer ses mollets
Avec ses envolées
N'hésite pas à l'encenser

Durant l'été
T'as des chances
De passer à la télé

Si tu veux faire succès
Avant Roland-Garros
Choisis bien ton carrosse
Paraît que des françaises
Soulèvent des bronzés des chaises
N'hésite pas à les encenser

Durant l'été
T'as des chances
De passer à la télé

Si tu veux faire succès
T'as aussi le rugby
Choisis un beau gabarit
Celui qui va aux essais
Ou celui qui les transforme
Allez vante leurs formes

Durant l'été
T'as des chances
De passer à la télé

Si tu veux faire succès
T'as aussi le basket
Des rimes qui plairont

Dans les cours de récré
Et pour la variété c'est sacré

On est nombreux à l'avoir raté
Le tube de leur coupe du monde
Moi le premier avec Zidane
Non je rime pas banane
Je retire le zid
Ça fait un bide

Allez faut s'y faire
C'est le foot l'avenir de la variété
Faut une chanson pour chaque buteur
Et même une pour les commentateurs

Pierre Galliez, en public (droits sacem 2004)

Les répartitions de la sacem, je découvre...
La 583, du 04.07.2003, reçue, avec 7 euros 73 en solde.
La 585, du 07.01.2004, reçue, avec 7 euros 73 en "solde antérieur" s'achèvera avec 8.01 en solde de nouveau non réglé (la cotisation sacem était de 6,70 euros).

Surprenant, de consulter en ligne la répartition 584 m'accordant 6.07 euros *"attribution proport redev phono irrep."*

Mais naturellement, si en même temps les 7 euros 73 m'avaient été confisqués, je me serais aperçu d'une "embrouille" ? Ce raisonnement motivait le "traitement informatique" ?

Les "modernes" (ils ont découvert internet en 2012 ?) à l'origine de cette mise en ligne n'ont pas pensé à ce passé ? On découvre de ces choses quand on a accès à "l'ensemble des documents".

La fille aux cent mille départs

Elle dit que si elle pouvait
Elle partirait dès demain
Mais y'a toujours quelque chose ou quelqu'un
Qui survient et la retient

C'est une fille toujours sur le départ
Qui voudrait bien se voir
Ailleurs que dans son miroir
C'est la fille aux cent mille départs

Sur et dans deux vieilles armoires
C'est les guides du Routard
Les souvenirs des auteurs qui bourlinguent
Des dictionnaires bilingues

Elle est bien sûr abonnée
À tous les magasines
Qui parlent évasions et grandes randonnées
Voyages, photos sous-marines

C'est une fille toujours sur le départ
Qui voudrait bien se voir
Ailleurs que dans son miroir
C'est la fille aux cent mille départs

Les capitales les monnaies
Elle peut bien sûr les citer
Elle se les récite comme une comptine
C'est des mots qui trottinent

Elle sait six langues étrangères
Inutiles pour son travail
On dit « *elle est un peu originale* »
Jamais une seule ne lui sert

C'est une fille toujours sur le départ
Qui voudrait bien se voir...

Pierre Galliez, en public (droits sacem 2004)

Éne bier

Éne bière
Ach bistrot du coin
Just' éne bonne bière
Pou és sintit bien
Intre copains

Éne bière
Éin n'in prindra qu'éne
Cha s'déguste
Parce qu'in l'sait bien
Qu'in n'a du qu'min

"Dé l' bière
Dé l' bière
Dé l' bière
In é de ch' nord
In l'sait incor
Malgré l'mondialisation
In na pas perdu éch seinse du houblon
In a rien perdu
Del fierté d'nou nom"

Éne bière
Cha nous fait pas vire
Ché p'tites z'étoiles
Mais cha hisses nos voiles
R'donne du tonus

Éne bière
A ch'bistrot du coin
Just' éne bonne bière
Pou és sintit bien
Intre copains

"Dé l' bière

Dé l' bière
Dé l' bière
In é de ch' nord
In l'sait incor
Malgré l'mondialisation
In na pas perdu éch seinse du houblon
In a rien perdu
Del fierté d'nou nom"

                      Pierre Galliez, en public (droits sacem 2004)

De nos chansons en chti, une seule figure aux répartitions de notre vénérée société des auteurs, compositeurs... Combien d'organisateurs transmettent un paiement à Neuilly ? On se demande parfois comment "les contrôleurs" justifient leur salaire...

En 2011, l'édition de *Canchons et cafougnettes (Ternoise chti)*, scellait la certitude de l'abandon de ce projet d'album avec Pierre. C'est ainsi... Peut-être un gars du nord, plus jeune, s'emparera de ce travail qui n'aurait sûrement jamais existé sans mon *camarate* retraité de l'éducation nationale. Naturellement informé de ce livre, il m'écrivait le 7 août 2015 : « Tu es douanier "Rien à déclarer?" Merci de ton attention... Un court paragraphe sur les circonstances de notre rencontre ? Remarque que tu l'avais fait dans une publication. Moi je peux donner mes impressions, car ce que j'écris vaut ce qu'il vaut, mais c'est toi qui m'as donné l'envie d'écrire ! Maintenant, je ne me produis plus beaucoup, sauf les maisons de retraite pour chanter *Le petit vin blanc*, *J'attendrai*... Ici je pense faire un passage en chti en novembre et j'ai retenu "*L'Braderie*" et peut être les "*Glaines Municipales*" mais pour cette dernière, il y a un ennui de bande son. Je dois en avoir une... Mais avec les déménagements ! Et puis, les *glaines*... faut mémoriser !... »

Les déboires Leclerc

Parfois oui c'est pas cher
On s'dit qu'ils ont l'flair des affaires
Et on s'demande si les producteurs
Peuvent être payés pour leur labeur

Alors quand c'est pas cher
On remplit armoires frigidaires
Et même on remplit le débarras
En s'disant un jour ça servira

Parfois oui c'est pas cher
Mais parfois y'a les déboires
On les appelle, les déboires Leclerc
Connaissez-vous, les déboires Leclerc ?

T'as les supers promos
Made chez les petites mains pas chères
T'as tout c'qui est beau sur les photos
Foutus usés dès qu'on s'en sert

T'as l'informatique
Où les p'tits jeunes de la boutique
Peuvent te réciter qu'le prospectus
Ils nous vendent ça comme des cactus

Parfois oui c'est pas cher
Mais parfois y'a les déboires
On les appelle, les déboires Leclerc
Connaissez-vous, les déboires Leclerc ?

T'as les réparations
Si c'est plus sous-garantie
Vaut mieux trouver une autre solution
Sinon prend garde à l'addition

Puis t'as le matraquage

Comme des clients dans une cage
Slogans de gloire pour leur grande maison
Comme s'ils bossaient pas qu'pour le pognon
Parfois oui c'est pas cher
Mais parfois y'a les déboires
On les appelle, les déboires Leclerc
Connaissez-vous, les déboires Leclerc ?

Morceau entendu le mercredi 14 Janvier 2004 sur France-Culture, durant l'émission « *Travaux publics* » de Jean Lebrun (18h20 à 19h30, en direct et en public au Café "*El Sur*"). Deux jours plus tôt, un de ses collaborateurs m'avait contacté... Il souhaitait obtenir le MP3... qui n'existait pas. Invité : Michel-Edouard Leclerc.
Stéphane Vazzoler était alors le compositeur / interprète avec lequel les échanges foisonnaient... et en quelques heures, il releva le défi...
Première et dernière diffusion ce jour-là. Réaction de Michel-Edouard Leclerc : « *Je connaissais cette chanson puisqu'elle est sur internet. Ce sont mes enfants qui me l'ont fait découvrir. C'est vrai que nous sommes devenus un petit sujet de société. C'est un peu la rançon d'une certaine notoriété en tout cas d'une présence un peu partout en France et dans plusieurs régions comme ça il y a des chansons de chansonniers, des chansons satiriques, elles sont pas infondées, parce que je trouve avec humour et même une certaine tendresse, dans le ton, ils énoncent au fond toutes les contradictions du système économique.* »

(droits sacem 2005)

21,10 euros de droits le 05.01.2005 ; il n'en restera que 14,15 en solde de cette répartition 589, qu'on retrouve en "solde antérieur" de la 593 du 01.01.2006. Mais entre temps, il y eut la "copie privée sonore" pour "les déboires Leclerc", de 5,77 euros au 05.04.2005 (la 590).
Petite somme engloutie. 0,75 € de "CABLE ETRANGER" pour "LES DEBOIRES LECLERC" du 05.10.2005 (5925) se sont également volatilisés.

Album CD SARKOZY Selon Ternoise

CD SARKOZY Selon Ternoise
(citoyen indépendant, plutôt centre gauche philosophique)

1) *Cette année-là présidentielle* 3.18 (*Cette année-là*, Claude François) par Paul Glaeser.

2) *Fusion Pierre Perret Sarkozy* 3.38 (*Le zizi*, Pierre Perret) par Stéphane David.

3) *Doc le Sarko* 3.45 (*Joe le taxi*, Vanessa Paradis) par Frédérique Zoltane.

4) *Les Sarkonneries* 3.10 par Doc-Vazzo.

5) *Putain d'élections* 2007 4.01 (*Putain de camion*, Renaud) par Christophe O'Neil.

6) *Le Sarko du métèque* 2.33 (*Le métèque*, Georges Moustaki) par Patrice

7) *C'est un fameux Sarko* 2.26 (*Santiano*, Hugues Aufray) renaudisé par Stéphane David.

8) *Si Sony censure sa star* 2.05 par Doc-Vazzo.

9) *Si Sarko si* 2.59 (*Si maman si*, France Gall) par Frédérique Zoltane.

10) *La danse du caviar* 2.34 (*La danse des canards*, J.J. Lionel) par Stéphane David.

11) *Il court le Sarko* 1.25 par Doc-Vazzo.

12) *Gagner l'Elysée* 2.39 (*Les Champs-Elysées*, Joe Dassin) par Patrice

13) *Une Voynet verte* 1.37 (*Une souris verte*) par Stéphane David.

14) *Ségolène* 2.35 (*Bécassine*, Chantal Goya) par Frédérique Zoltane.

Onze parodies de chansons et trois créations (titres 4, 8 et 11), avec des musiques de l'interprète.

Le livre « *Histoire d'une censure médiatique aux élections présidentielles 2007 : le CD Sarkozy* » raconte la genèse de cet album, la difficulté à trouver des interprètes, la course contre la montre, l'impossible médiatisation, malgré l'invitation à une émission de Sud Radio et un article du quotidien gratuit *Metro...* Et l'histoire Bécassine / Ségolène accaparée par un journaliste du *Monde,* peu versé dans l'éthique...

Cette année-là présidentielle

Cette année-là
Sarko président jubilera
Ou l'opposant vociférera
Quelle année cette année-là

Cette année-là
Ségolène se lais'ra pousser des ailes
Même Fabius fredonnera belle, belle, belle
Et les médias aim'ront ça

Déjà, le P.S. croit revivre l'épopée Mitterrand
Et l'UMP sait qu'un général marche droit

Cette année-là
Tous jureront comprendre les jeunes
Et les vieux trop souvent seuls
Tout l'monde dit je t'ai compris

Des promesses sûr qu'il va en pleuvoir chaque jour
Chaque voix sera unique ils aiment ils aiment le public

Cette année-là
Forcément on en connaît la musique
Ségo – Sarko s'ront magiques
Quelle année cette année-là

Avant le premier tour certains prétendent rêver encore
Revendront leur soutien même pas à prix d'or

Cette année-là
Pas d'mondial à la télévision
En boucle pass'ront leurs déclarations
Du blabla cette année-là

C'est demain, mais pour moi ça n'va rien changer
Un quinquennat plus tard ce CD je le ressors

Ce s'ra l'année deux mille sept
Ce s'ra l'année deux mille sept
Ce s'ra l'année deux mille douze
Ce s'ra l'année deux mille dix-sept

CD Sarkozy
Interprète : Paul Glaeser

Œuvre originale : *Cette année-là*
Interprète originel : Claude François

Effectivement, en 2012 un remake s'imposa, le remplacement de Ségo par "monsieur petite blague" père de ses enfants constituant un épiphénomène musical, sûrement même politique.

Fusion Pierre Perret Sarkozy

Afin de respecter nos grands textes
On maquille c'qu'on appelle contexte
On nous assomme de bluettes
De tambours et de trompettes
On nous sert de la nostalgie
On rit de qui réfléchit
Un présentateur très sympathique
N'a même pas besoin d'baguettes magiques
En trois mots il nous plante le décor
Ô gué, ô gué
Pas d'idées mais les gens sont d'accord
Ô gué, ô gué
Des sondages servent de savoir
Les aveux doivent émouvoir
L'audimat décrétera de qui aura le pouvoir
Un portrait robot nous le dessine
Le favori tous ils le câlinent

Tout tout tout
Vous saurez tout sur Sarkozy
C'est c'qu'on nous dit
Chez ses amis
Patrons de presse
Qui le caressent
Le poids des mots
Troc des photos
Des journalistes
Simples copistes
Tout tout tout tout
Ils nous disent tout sur Sarkozy

Sarkozy en homme dur au labeur
Ô gué, ô gué

Humaniste avec certaines valeurs
Ô gué, ô gué
En vélo c'est un sportif
Un vrai de vrai impulsif
Economiste perspicace
En tout il a la classe
Avec Cécilia photos tendresse
Une interview sans tabou ni bassesse
Sarkozy aussi a connu l'malheur
Ô gué, ô gué
Il comprend les chômeurs, les travailleurs
Ô gué, ô gué
La calomnie l'a blessé
Il laisse la justice censurer
Rien n'ébranle son ambition
Il a d'vraies convictions
Ce qui l'horripile c'est les p'tites crapules
Les chewing-gums et les enveloppes à bulles

Tout tout tout
Vous saurez tout sur Sarkozy
C'est c'qu'on nous dit
Chez ses amis
Patrons de presse
Qui le caressent
Le poids des mots
Troc des photos
Des journalistes
Simples copistes
Tout tout tout tout
Ils nous disent tout sur Sarkozy

Sarkozy monsieur sécurité
Ô gué, ô gué
Se porte garant de nos libertés

Ô gué, ô gué
Avec Sarko c'est le truand
Qui rentre chez lui en tremblant
La grand-mère peut promener tranquille ses petits-enfants
Pasqua lui a appris à faire face
Balladur à toujours être efficace
Surtout ne croyez jamais les ragots
Ô gué, ô gué
Caricatures Chirac couteau dans l'dos
Ô gué, ô gué
Chirac c'est comme son tonton
Bernadette lui donne des bonbons
Même De Villepin est venu
On peut dire l'a soutenu
Au grand meeting de Loison sous Lens
Et Raffarin mettait de l'ambiance

Tout tout tout
Vous saurez tout sur Sarkozy
C'est c'qu'on nous dit
Chez ses amis
Patrons de presse
Qui le caressent
Le poids des mots
Troc des photos
Des journalistes
Simples copistes
Tout tout tout tout
Ils nous disent tout sur Sarkozy

Candidat des prolos des aristos
Ô gué, ô gué
Jeune expérimenté aime son boulot
Ô gué, ô gué
Garant de la démocratie

Et en plus merveilleux mari
Ami avec les chinois
Georges Bush il le tutoie
Sociale démocratie européenne
Et la liberté américaine

Tout tout tout
Vous saurez tout sur Sarkozy
C'est c'qu'on nous dit
Chez ses amis
Patrons de presse
Qui le caressent
Le poids des mots
Troc des photos
Des journalistes
Simples copistes
Tout tout tout tout
Ils nous disent tout sur Sarkozy

CD Sarkozy
Interprète : Stéphane David

Œuvre originale : *Le zizi* (Pierre Perret)

Doc le Sarko

Doc le Sarko
Y plaît pas partout
Son programme de soldat
Son bagout gris
Donne parfois des insomnies
Des cauchemars
Pas qu'aux loubards
Quand il lance
« *J'vais soigner la France* »
Faut qu'elle choque
La musique du doc
Plaise aux médias
Du rock bobos prolos
Doc le Sarko
Ses réseaux
Télés ou radios
Radieux s'il parle
Il est ainsi
Doc - Doc - Doc
Faut qu'elle choque
La musique du doc de l'Est
Plaise aux médias
Du rock bobos prolos rappeurs
Go Sarko
Go Sarko
Go fonceur
D'la Hongrie vers son Everest
Doc le Sarko
Au repos parfois
Doc le Sarko
Ses migraines font loi
Doc - Doc – Doc
Doc le Sarko

Ses réseaux
Télés ou radios
Radieux s'il parle
Les paquets cadeaux
Doc le sarko
Et le bla-bla-bli
Doc le sarko
Et le bla-bla-bli
Go Sarko
Go fonceur, vers son Everest

CD Sarkozy
Interprète : Frédérique Zoltane

Œuvre originale : *Joe Le Taxi*
Auteur : ETIENNE RODA GIL
Compositeur LANGOLFF HENRI
Interprète originelle : Vanessa Paradis

Les Sarkonneries

J'en dis si souvent des sarkonneries
Soyez pas surpris que j'en fasse aussi
Mais souvenez-vous de Jacques Chirac
On l'surnommait tête à claques
Ça l'a pas empêché
De triompher

Les sarkonneries
Pour être à la une
Du Figaro à Charlie Hebdo
D'internet aux guignols de l'info
Les sarkonneries
Etre à la une
Sans dépenser une thune
Les sarkonneries
Convertissent le pays

J'en dis si souvent des sarkonneries
Qu'Cécilia en a six cents copies
Après mes décennies au pouvoir
Elle écrira nos mémoires
Qui pourrait m'empêcher
De triompher ?

Les sarkonneries
Pour être à la une
Du Figaro à Charlie Hebdo
D'internet aux guignols de l'info
Les sarkonneries
Etre à la une
Sans dépenser une thune
Les sarkonneries
Convertissent le pays

Les chansonniers sont ma consécration
Un peu la rançon de ma position
Y'a pas d'album sur Séguin Juppé
Ils valent pas plus d'un couplet
Dire qu'ils croient m'empêcher
De triompher

Les sarkonneries
Pour être à la une
Du Figaro à Charlie Hebdo
D'internet aux guignols de l'info
Les sarkonneries
Etre à la une
Sans dépenser une thune
Les sarkonneries
Convertissent le pays

CD Sarkozy
Doc-Vazzo

Doc-Vazzo... déjà vu sous le nom de Stéphane Vazzoler...

Page suivante : *Putain d'élections 2007*
Œuvre originale : *PUTAIN DE CAMION*
Auteur : Renaud Séchan
Compositeur : Franck Langolff
Interprète original : Renaud Séchan

Putain d'élections 2007

Putain c'est trop con
Putain d'élections
Est-ce qu'on mérite ça
Après deux Chirac
Sarko qui débarque
En face, ils laissent faire ça

J'espère au moins qu'Sarko
Foutra Chirac au chaud

Delors manqua son destin
Jospin s'est fait Balladurien
Et la guerre des clans nous condamne aux clampins
Doit bien y'avoir quelqu'un d'bien
Pour sauver la gauche du déclin
Décontaminer nos ruisseaux nos chemins

Putain j'ai la rage
Contre ce naufrage
Et contre ce jour-là
Ou faudra voter
Désillusionnés
En pensant à François

J'espère au moins qu'Sarko
Laiss'ra l'autre à Bordeaux

La France regarde ses pantins
Qui f'raient tout même pour un strapontin
Un peu partout y'a pourtant du bon grain
Sans écurie bin t'es rien
Les promesses restent sans lendemain
Putain d'clampins, putain d'coquins, d'comédiens

Voter on aimerait bien
S'comporter comme de vrais citoyens
Putain d'clampins, putain d'coquins, d'comédiens

CD Sarkozy Interprète : Christophe O'Neil

Le Sarko du métèque

Avec ma gueule de Sarko
De conquérant de démago
Et mon besoin de boniments
Avec mon passé chiraquien
Pasqua était un bon copain
Inutile de mettre des gants

Avec mes dents d'entrepreneur
De Rockefeller de rockweller
Qui ont brisé bien des pantins
Avec mon regard qui a vu
Tant et tant de déconvenues
Sans jamais douter du destin

Avec ma gueule de Sarko
De conquérant de démago
De menteur et d'amnésique
Avec ma femme qui peut quitter
Le navire quand revient l'été
Elle m'a appris la musique

Avec des parents aristos
Qui sont partis comme des prolos
Mais sans perdre le goût du pouvoir
Avec mon frère qui a dû
S'effacer devant une parvenue
On me prédit un tel cauchemar

Avec ma gueule de Sarko
De conquérant de démago
Et mon besoin de boniments
Je dirai qui m'aime me suive
Sauvons la France de la dérive
Enfermons l'chanteur énervant

Et je serai el président
Nico Sarko est enfin grand
Le petit aura su grandir
Et je l'aurai le vrai pouvoir
Je serai beau dans mon miroir
J'arrêterai même de courir

Et je l'aurai le vrai pouvoir
Je serai beau dans mon miroir
J'arrêterai même de courir

CD Sarkozy
Interprète : Patrice

Œuvre originale : *Le métèque* (Georges Moustaki)

C'est un fameux Sarko

C'est un fameux Sarko fin comme un poireau
Un peu trop ! Démago
UMP, un sacré radeau
Il est fier d'y être tout en haut
Tiens bon l'karcher et tiens bon « du vent »
Un peu trop ! Démago
Si France veut, il s'ra président
Amplifiera le sacré fiasco
Il part pour de longs mois en laissant Beauvau
Un peu trop ! Démago
Serrer la main même des poivrots
Leur promettre à tous un beau vélo
Tiens bon l'karcher et tiens bon « du vent »
Un peu trop ! Démago
Si France veut, il s'ra président
Amplifiera le sacré fiasco

On prétend que partout on veut voir Sarko
Un peu trop ! Démago
Il séduit même le populo
Acclamé comme un nouveau Charlot
Tiens bon l'karcher et tiens bon « du vent »
Un peu trop ! Démago
Si France veut, il s'ra président
Amplifiera le sacré fiasco

Un soir à Ségolène sortira ses couteaux
Un peu trop ! Mafioso
Si tu r'fuses ses idéaux
Il t'offre le billet du cargo
Tiens bon la Tchatche et tiens bon le flow
Un peu trop ! Démago

Sarko ni pavot ni tête de veau *
Son quinquennat serait un fiasco

CD Sarkozy
Interprète : Stéphane David

* référence au repas prétendu préféré de Jacques Chirac : la tête de veau

Œuvre originale : Santiano (J. Plante / D. Fisher)
Interprète originel : Hugues AUFRAY

Si Sony censure sa star

Si Sony censure sa star
C'est sûrement qu'Sarkozy
Leur fait peut aussi
Joey Starr éteint son pétard devant ce radar

Après tout ce n'est qu'une anecdote
Un peu celle du bâton et d'la carotte
Si t'as pas l'antidote, tu t'y piques si tu t'y frottes
Tous les feux clignotent
Des militants rappliquent avec des menottes
Tous les feux clignotent
Les marmottes gagneront la cagnotte

Chacun vote avec sa jugeote
Comme aurait dit Aristote
Mais même les majors imaginent ce qu'il mijote
Même les majors imaginent ce qu'il mijote

Si Sony censure sa star
C'est sûrement qu'Sarkozy
Leur fait peut aussi
Joey Starr éteint son pétard devant ce radar

Si Sony censure sa star
C'est sûrement qu'Sarkozy
Leur fait peut aussi
Joey Starr éteint son pétard devant ce radar

CD Sarkozy
Doc-Vazzo

Si Sarko si

Tous mes amis sont ici
Mais je n'ai pas de papiers
Les vacances j'me cache dans Paris
Pour éviter d'être expulsé
Pour être là à la rentrée

Si, Sarko, si
Si, Sarko, si
Sarko, si tu voyais ma vie
Je cours je m'enfuis
Si, Sarko, si
Mais mon pays c'est ici
Et ma vie aussi

Dans mes cauchemars y'a des trains
Et je me jette par la fenêtre
Mes parents ont peur du lendemain
J'aurais peut-être pas dû naître
Aucun pays veut me reconnaître

Si, Sarko, si
Si, Sarko, si
Sarko, si tu voyais ma vie
Je cours je m'enfuis
Si, Sarko, si
Mais mon pays c'est ici
Et ma vie aussi

On m'dit que j'suis coupable, un fléau
Je suis pourtant qu'un enfant
Envie de jouer, de rire sous le préau
Sans avoir peur des agents
Sans trembler pour mes parents

Si, Sarko, si

Si, Sarko, si
Sarko, si tu voyais ma vie
Je cours je m'enfuis
Si, Sarko, si
Mais mon pays c'est ici
Et ma vie aussi

CD Sarkozy
Interprète : Frédérique Zoltane

Œuvre originale : Si maman si (Michel Berger)
Interprète originel : France Gall

La danse du caviar

C'est la danse du caviar
Dans les allées du pouvoir
Tous veulent être sur la photo
Et crient SAR-KO
Comme Johnny qui fut loubard
Doc Gyneco sans pétard
Remuez comme des veaux
Criez SAR-KO
Pour claquer tous vos kopecks
Invitez des femmes des mecs
Payez-vous un chapiteau
Scandez SAR-KO
Il faut qu'on parle de vous
Montrez qu'vous êtes prêts à tout
Pour vot' champion vot' gourou
Prosternez-vous...

Voter, c'est la fête
Sur un rien ça s'joue
Faut qu'les girouettes
Perdent la tête
Ne voient que nous...

C'est la danse du caviar
Tout l'monde pourra en avoir
Même si vous n'avez pas d'pain
Mais votez bien
Ne soyez pas en retard
Car la danse du caviar
S'ra payée par vos impôts
SAR-KO, SAR-KO

Il vous suffit d'adhérer
Et vous serez invité

Nos buffets sont les plus beaux
Scandez SAR-KO
Ça y est vous avez compris
On s'dit en démocratie
Mais c'est l'jeu du démago
On crie SAR-KO

Voter, c'est la fête
Sur un rien ça s'joue
Faut qu'les girouettes
Perdent la tête
Ne voient que nous...

C'est la danse du caviar
Dans les allées du pouvoir
Tous veulent être sur la photo
Et crient SAR-KO
Pour claquer tous vos kopecks
Invitez des femmes des mecs
Payez-vous un chapiteau
Scandez SAR-KO
C'est la danse du caviar
On s'croirait chez Raymond Barre
Faut avoir du fric c'est tout
Bin oui, c'est tout
Et si on se moque de vous
Les chansonniers j'les emmène
Au sous-sol de la Sacem
Redressez-vous...

Voter, c'est la fête
Sur un rien ça s'joue
Faut qu'les girouettes
Perdent la tête
Ne voient que nous...

C'est la danse du caviar

Dans les allées du pouvoir
Tous veulent être sur la photo
Et crient SAR-KO
Comme Johnny qui fut loubard
Doc Gyneco sans pétard
Remuez comme des veaux
Criez SAR-KO

C'est la danse du caviar
Tout l'monde pourra en avoir
Même si vous n'avez pas d'pain
Mais votez bien
Ne soyez pas en retard
Car la danse du caviar
S'ra payée par vos impôts
SAR-KO, SAR-KO

CD Sarkozy
Interprète : Stéphane David

Œuvre originale : *la danse des canards*

Auteurs : Tony Rendall - Guy de Paris - Joec
Compositeur : Werner Thomas
Interprète originel : J.J. Lionel

Il court, il court, le Sarko

Il court, il court le Sarko
Le Sarko d'la place Beauvau
Il court il court le Sarko
Le Sarko du Sarko show

Il est passé par Neuilly
Il est grand sur nos écrans

Il court, il court le Sarko
Le Sarko d'la place Beauvau
Il court il court le Sarko
Le Sarko du Sarko show

CD Sarkozy
Doc-Vazzo

Adaptation très rock-and-roll d'une œuvre du domaine public :
Il court, il court le furet

Encore un peu de disparition ?

Alors que 17,57 euros restaient en solde de la répartition du 05.10.2007, retrouvés en première ligne sur celle du 04.07.2008, il y eut LA 602 du 04.04.2008 dédiée à "Il court il court, le Sarko"...

TELECHARGEMENTS FICHIERS MUSICAUX (Itunes) : quantité : 99. Total net : 3 € 28.
COPIE PRIVEE SONORE : 0.89 en total net.
Et donc abracadabra, le membre n'a rien reçu, rien vu... Tout a disparu...
L'art de spolier les pauvres ?

La copie privée "détournée" sert à quoi ? Payer le patron ? Des notes de frais ? Finance les bonnes œuvres des plus riches ?

Gagner l'Elysée

Pasqua avait presque vaincu quand surgit un inconnu
La ville de Neuilly se donnait au jeune Sarkozy
Fallait quelqu'un qui dise « moi », ce s'ra donc un avocat
On croyait qu'ça suffirait, c'n'était que l'entrée

Gagner l'Elysée, Gagner l'Elysée
Cécilia, s'ra ravie, Nicolas, sauve sa vie
Plus de complexe d'infériorité s'il gagne l'Elysée

Il croit Chirac foutu mise tout sur Balladur qui échoue
Quand on descend du mauvais train on cherche ses copains
Z'ont essayé d'se recaser, ont fayoté, agenouillés
On le croit coulé il sait vivre en apnée

Gagner l'Elysée, Gagner l'Elysée
Cécilia, s'ra ravie, Nicolas, sauve sa vie
Plus de complexe d'infériorité s'il gagne l'Elysée

Chirac devenu le roi nu plutôt qu'boire la cigüe
Supporte son ennemi près de lui chaque mercredi
Le ministre rue dans les cordes, on dit qu'ils se mordent
Mais parfois même les vautours vous parlent d'amour

Gagner l'Elysée, Gagner l'Elysée
Cécilia, s'ra ravie, Nicolas, sauve sa vie
Plus de complexe d'infériorité s'il gagne l'Elysée

CD Sarkozy
Interprète : Patrice

Œuvre originale : Les Champs-Elysées.
Interprète original : Joe Dassin

Une Voynet verte

Une Voynet verte
Qui courrait dans l'herbe
On l'attrape par la mèche
On la montre à ces messieurs
Ces messieurs nous disent
Trempez-la dans l'eau
Trempez-la dans l'vin
Ça fera un socialo
Tout beau

On la nomme tête de liste
Elle ne fait qu'un tour de piste
On la met d'vant un micro
Elle dit sortez vos vélos

Une Voynet verte
Qui courrait dans l'herbe
On l'attrape par la mèche
On la montre à ces messieurs
Ces messieurs nous disent
Trempez-la dans l'eau
Trempez-la dans l'vin
Ça fera un socialo
Tout beau

Quand elle voit une marée noire
Elle sourit et elle repart
Quand on parle du nucléaire
Elle dit « pas bien » mais laisse faire

Une Voynet verte
Qui courrait dans l'herbe
On l'attrape par la mèche
On la montre à ces messieurs

Ces messieurs nous disent
Trempez-la dans l'eau
Trempez-la dans l'vin
Ça fera un socialo
Tout beau

On la nomme tête de liste
Elle ne fait qu'un tour de piste
On la met d'vant un micro
Elle dit sortez vos vélos

CD Sarkozy
Interprète : Stéphane David

Adaptation d'une œuvre du domaine public :
Une souris verte

Ségolène

Tandis que son frère combattait des écologistes
Elle empruntait la voie royale de l'Enarriviste
Conseillère dans une boîte à idées mitterrandistes
La vraie vie selon les socialistes

Quand Bérégovoy ouvre le chapeau du président
Il la catapulte ministre de l'environnement
Elle plaira à certains magazines tout simplement
Et parfois ça devient suffisant
Mais pour Jospin elle restera
Loin derrière Aubry et Guigou
Préparant son come-back sans la redouter

Ségolène, c'est une aubaine
Ségolène, est magicienne
Quand les éléphants sont en guerre
La gazelle saute saute en l'air
On lui dit t'es une reine
Che Guevara des ménagères
Ségolène, c'est une aubaine
Ségolène, est magicienne
Saints sondages restez avec Nous
On sait qu'on ira jusqu'au bout
Ségolène, tu nous rends fous

Quand prudents les éléphants ignorent les Régionales
Sur les terres de Raffarin déboule madame Royal
La chute des chiraquiens en fit une femme fatale
Quand nos voisins se donnent une chancelière
La France ne voit plus qu'une femme pour nous éviter le Sarkozy
Depuis à tout ce qu'elle dit le pays dit oui

Ségolène, c'est une aubaine
Ségolène, est magicienne

Quand les éléphants sont en guerre
La gazelle saute saute en l'air
On lui dit t'es une reine
Che Guevara des ménagères
Ségolène, c'est une aubaine
Ségolène, est magicienne
Saints sondages restez avec Nous
On sait qu'on ira jusqu'au bout
Ségolène, tu nous rends fous

CD Sarkozy
Interprète : Frédérique Zoltane

Œuvre originale : Bécassine, Chantal Goya.
Parole et musique : Jean-Jacques Debout.

"Naturellement", dans notre belle démocratie avancée, les soutiens de Ségolène Royal ne pouvaient pas informer leur lectorat, leur auditoire, du *CD Sarkozy* quand un tel texte présentait leur pouliche adorée. Il faut choisir son camp ! Non, le parodiste regarde de loin les enthousiasmes d'une époque. Aucun militantisme...

Bref, pour l'auteur-producteur, ce fut un échec, même si ce CD se vend encore... Collector !

Album *SAVOIRS*

En 2006, pour rencontrer des compositeurs-interprètes dans une voie conciliable avec la mienne, je lançais http://www.concourschansons.com.

Objectif : produire des albums d'auteur. En espérant les rentabiliser par les ventes, et ainsi renouveler l'expérience...

SAVOIRS est sorti assez rapidement, finalement, en 2008... Il reste disponible, après des années en album invisible...

1) Tout allait pour le mieux 3.19
2) La douleur s'évapore 3.01
3) 4e décennie 4.17
4) Petite main 4.02
5) Des graines de lumière 2.59
6) La caissière 4.12
7) En secret 4.14
8) Travail bye bye 2.42
9) Pourquoi Because 4.01
10) La paix de l'âme 3.20
11) La voie spirituelle 3.54
12) Savoir 2.44

Compositeurs et interprètes :
4-6-8 Stéphane Vazzoler (nom d'interprète : Doc-Vazzo)
1-9-12 Nathanaël-Elie Delphin (nom d'interprète : Ned)
5-10 Uzan Camus (nom d'interprète : Camus)
3-7 Guy Sagnier
2-11 Stéphane Deprost

Doc-Vazzo constitue une forme de lien avec l'album "politique". Je ne vais pas créer de suspens... L'aventure s'est arrêtée là... Doc-Vazzo a continué mais ès guitariste. C'est compliqué, d'être chanteur !... Chacun doit assumer ses choix... et l'auteur constate... Avec d'autres, il n'y eut même pas de trace sur CDs, même pas d'enregistrement à la sacem des répertoires... Tellement de maquettes pour si peu de diffusions...

Tout allait pour le mieux

Tout allait pour le mieux
Je coulais des jours heureux
Plaie d'argent n'est pas mortelle
Quand on dort du bon sommeil

Mais l'administration
Un jour s'est réveillée
A sorti mon dossier
A posé des questions

Face au sous-directeur
Je faisais pas le poids
Comme j'connais pas le droit
Il avait un rire moqueur

Tout allait pour le mieux
Je coulais des jours heureux
Plaie d'argent n'est pas mortelle
Quand on dort du bon sommeil

J'voudrais bien faire chanteur
J'ai balancé soudain
Il répondit dédain
C't'un métier de glandeurs

Puisque j'n'ai plus le choix
C'était ça ou radié
Ou comptabilité
Me v'là rimeur narquois

Tout allait pour le mieux...

Album *SAVOIRS*
NED

La douleur s'évapore

Un jour
La douleur s'évapore
Les causes existent encore
Mais l'esprit est plus fort
L'esprit devient le maître du corps
Un jour
Sans le moindre miracle
Elle cesse la débâcle
C'est sur le long chemin
Étape essentielle d'éveil humain

Un jour
L'homme comprend l'amour
Un jour
L'homme comprend la mort
Comprendre pourquoi comment
Comprendre le « s'en va » et « survient » des éléments

Un jour
Détaché complètement
Sourire du mot argent
Lâcher peu de paroles
Vivre sans chercher à tenir un rôle
Un jour
À chaque atome, sensible
On dira insensible
C'est ainsi qu'l'extérieur
N'apporte plus ni bonheur ni terreur

Un jour
L'homme comprend l'amour
Un jour
L'homme comprend la mort
Comprendre pourquoi comment...

Album SAVOIRS - Stéphane Deprost

4e décennie

Sensation de sur-place
Quand ses rêves si peu anciens
Elle les voit dans sa glace
À côté du quotidien
Elle passe du sourire au soupir
Juste avant d'aller dormir
Car demain il faudra partir
Sortir pour un bureau « on a vu pire »
Mais un boulot si loin
Si loin de ses désirs pas si lointains

Trente ans
Et la tête sur mon épaule
Tu voudrais bien qu'on s'envole
Trente ans !
Tu sais qu'c'est la décennie
À ne pas louper
Trente ans
Qu'à cet âge la grande connerie
C'est de s'enchaîner
À la banalité

Sensation d'étouffer
Si peu de mètres carrés
Elle sait qu'c'est déjà trop
Quand viennent les impôts locaux
Il doit bien rester un pays
Où l'on vit sans insomnies
Sans crédit ni assurance-vie
Où l'on vit des s'maines de quatre jeudis
Certains soirs elle m'appelle
On refait le monde comme deux rebelles

Trente ans
Et la tête sur mon épaule
Tu voudrais bien qu'on s'envole
Trente ans !
Tu sais qu'c'est la décennie
À ne pas louper
Trente ans
Qu'à cet âge la grande connerie
C'est de s'enchaîner
À la banalité

Album *SAVOIRS*
Guy Sagnier

Petite main

Le plus souvent on avance face au vent
C'est pas toujours des ouragans
Mais à faire demi-tour
J'y pense certains jours

Ta petite main dans la mienne
Et pourtant mine de rien
C'est bien la tienne)
Qui nous soutient)bis

Bien plus fragile que de la porcelaine
Ta force est comme souterraine
Quand tu fermes les yeux
Tu vois ce que tu veux

Ta petite main dans la mienne
Et pourtant mine de rien
C'est bien la tienne)
Qui nous soutient)bis

Parce que je réponds à bien des questions
Tu m'crois un puits de solutions
Tu voudrais vite grandir
Tu crois en l'avenir

Ta petite main dans la mienne
Et pourtant mine de rien
C'est bien la tienne)
Qui nous soutient)bis

Album *SAVOIRS*
Doc-Vazzo

Des graines de lumière

Tu me vois
Tu te crois
Comme un grain de poussière
Un grain de poussière
Emporté par les vents d'automne
Alors que nous sommes
Des graines de Lumière

Des grains de poussière
Mais aussi
Des graines de Lumière
Des vies
Graines de Lumière
Qui seront des guides
Sauf si la terre est trop aride

Le savoir
Pour le voir
C'est un si long chemin
Un si long chemin
Que chaque croisement est un tourment
C'est tellement tentant
Remettre au lendemain

Des grains de poussière
Mais aussi
Des graines de Lumière
Des vies
Graines de Lumière
Qui seront des guides
Sauf si la terre est trop aride

Tu me crois

Aux abois
Je sais qu'on dit « tout ça
C'est n'importe quoi »
Qu'on me croit en plein désespoir
Parce que je peux croire
Aux voies du savoir...

                                            Album *SAVOIRS*
                                                     Camus

La caissière

L'infirmière derrière le notaire
Le militaire et son beau-frère
Le flâneur l'universitaire
Le chômeur le commis voyageur
Elle voit défiler le pays
Tous bien sages derrière leur caddie

À quoi pense la caissière ?
Qu'est-ce qui se cache sous son air d'écolière ?
À quoi pense la caissière ?
Son sourire en bandoulière

Les fonctionnaires et les grands-mères
Les étudiants les paysans
La fleuriste et son dentiste
Les barbus et les chevelus
Packs de bières et kilos de riz
Serpillières et charcuterie

À quoi pense la caissière ?
Qu'est-ce qui se cache sous son air d'écolière ?
À quoi pense la caissière ?
Son sourire en bandoulière

Les pharmaciens les musiciens
Couches-culottes
Petit-pois carottes
Les promotions de la saison
Les premiers achats remboursés
Les salariés parfois pressés
Les vidéos et les packs d'eau

À quoi pense la caissière ?
Qu'est-ce qui se cache sous son air d'écolière ?
À quoi pense la caissière ?
Son sourire en bandoulière

Album *SAVOIRS* - Doc-Vazzo

En secret

C'est comme un aimant
Un grand bouleversement
L'histoire à la maison
Tient pas la comparaison
Une quête d'idéal
Des gorgées vitales
De tous les sentiments
C'est le grand embrasement

Il va falloir se cacher
Avec les horaires tricher
À ne se voir qu'en secret
On se crée des instants sacrés) bis

On trouve des complices
Pour que le rite s'accomplisse
Tant pis pour les cornes
Des déjà vieux si mornes
Du jamais vécu
Plus vivant qu'un roman
Un goût de fruit
Défendu
On le sait finalement

Il va falloir se cacher
Avec les horaires tricher
À ne se voir qu'en secret
On se crée des instants sacrés) bis

Mirage de notre âge
Bien mieux qu'un naufrage
De tous
Les sentiments
C'est le grand embrasement

Une quête d'idéal
Des gorgées vitales
Ceux qui parlent de
Chimère
Qu'ils nous jettent leur dernière bière

Il va falloir se cacher
Avec les horaires tricher
À ne se voir qu'en secret
On se crée des instants sacrés) bis

Album *SAVOIRS*
Guy Sagnier

Travail bye bye

Tout allait pour le mieux
On vivait de peu
Mais l'argent quand même
Est devenu un problème
Elle m'a dit « travaille ! »
J'lui ai répondu
C'était pour elle inattendu
« bye bye »

Avec « travail »
Dans mon dictionnaire d'anti déprime
Y'a qu'une seule rime
« bye bye »
J'suis plus sur le ring
Du tic tac dring
Travail bye bye...

Vivre ailleurs qu'au travail
Ce s'rait pas normal
Pour les statistiques
Faut des hommes dynamiques
C'est l'économique
Qui doit motiver
Une humanité perroquet
« fric fric »

Avec « travail »
Dans mon dictionnaire d'anti déprime
Y'a qu'une seule rime
« bye bye »
J'suis plus sur le ring
Du tic tac dring
Travail bye bye...

Me v'la seul mais serein
J'n'ai rien mais j'vais bien
J'me lève sans réveil
Souvent après le soleil
Le soir j'me promène
J'parcours les hameaux
Sans prononcer le moindre mot
« zen zen »

Avec « travail »
Dans mon dictionnaire d'anti déprime
Y'a qu'une seule rime
« bye bye »
J'suis plus sur le ring
Du tic tac dring
Travail bye bye...

Album SAVOIRS
Doc-Vazzo

Pourquoi Because

Pourquoi
Y'a t-il quelque chose
Au lieu de rien ?
Pourquoi
Quand on m'offre une rose
Je me sens bien ?

Toutes les questions
Qu'on se pose
Auxquelles on répond
Bin because

Pourquoi
Ils nous imposent du bruit
Durant le jour ?
Pourquoi
Les hommes et les femmes s'ennuient
Sans nuits d'Amour ?

Toutes les questions
Qu'on se pose
Auxquelles on répond
Bin because

Pourquoi
Quand un enfant sourit
Suis-je attendri ?
Pourquoi
Les hommes s'inventent des Dieux
Et aiment le jeu ?

Toutes les questions
Qu'on se pose
Auxquelles on répond
Bin because

Pourquoi
Des souvenirs s'effacent
D'autres tracassent ?
Pourquoi
Souvent quand tombe le noir
Monte le cafard ?

Toutes les questions
Qu'on se pose
Auxquelles on répond
Bin because

Album *SAVOIRS*
NED

La paix de l'âme

Un jour la télé l'éteindre
Et savoir que c'est
La dernière fois
Qu'elle restera là
Comme une trace d'autrefois
Qu'elle restera là
Comme chez d'autres un vase Chinois

Comment espérer atteindre
Ou même effleurer
La paix de l'âme
Devant ce vacarme
Ce vacarme qui nous charme
Au temps des larmes
Qui font les larves sans flamme

Un jour la télé l'éteindre
Et savoir que c'est
La dernière fois
Qu'elle restera là
Comme un souvenir d'autrefois
Qu'elle restera là
Comme chez d'autres un vase Chinois

Comment espérer atteindre
Ou même effleurer
La paix de l'âme
Devant ce vacarme
Je dis l'âme pour dire Moi
La Paix du moi
La paix corps et âme, corps et âme

Un jour la télé l'éteindre...

Album *SAVOIRS* - Camus

La voie spirituelle

Sans pour cela croire au karma
Tu t'aperçois
Chaque poids te pèse
Chaque poids te lèse
D'un peu de joie (bis)
D'un peu du meilleur de toi
Tu te demandes à quoi bon tout ça
Tu dis parfois
Que de vivre comme ça
C'est une agonie
Tu déprimes (bis)
Sans trouver la bonne rime

La voie spirituelle
Je ne vois qu'elle
Pour ouvrir les portes verrouillées par toutes sortes de douleurs
La voie spirituelle
Je ne vois qu'elle
Dessouder les barreaux de nos prisons intérieures

Tu voudrais bien les soirs sans joie
Trouver la foi
Qu'elle surgisse en toi
Sans le moindre effort
Un réconfort (bis)
Qui fasse oublier la mort
Sans pour cela croire au karma
Tu lis parfois
Le Dalaï-lama
Mais avec autant de gourous
Il te déplaît
D'être guidé

La voie spirituelle
Je ne vois qu'elle
Pour ouvrir les portes verrouillées par toutes sortes de douleurs
La voie spirituelle
Je ne vois qu'elle
Dessouder les barreaux de nos prisons intérieures

Album *SAVOIRS*
Stéphane Deprost

Savoir

Savoir si c'est le grand Amour
Savoir si c'est pour toujours
S'il faut le croire le bruit qui court
Si c'est le bon jour pour partir à Singapour

C'est la folie
Aux oreilles des voyantes
On rappelle On supplie
L'incertitude est inquiétante
Trop cruelle Trop cruelle

Savoir qui sera licencié
Savoir à qui il faut plaire
S'il va neiger en février
Est-ce qu'un tel hiver annonce août caniculaire
Savoir si le temps des remords
Est aussi court qu'on l'prétend
Savoir si les morts sont bien morts
Et si les vivants en ont encore pour longtemps

C'est la folie
Aux oreilles des voyantes
On rappelle On supplie
L'incertitude est inquiétante
Trop cruelle Trop cruelle

Savoir quelle voiture acheter
Savoir si je vais guérir
Si Eurotunnel va monter
Si la femme de tous mes désirs va me trahir
S'il est bon de manger du bœuf
Des rillettes du Parmesan
Si j'peux habiter au Pont-neuf
À quel âge les gens reconnaîtront mon talent.

C'est la folie
Aux oreilles des voyantes
On rappelle On supplie
L'incertitude est inquiétante
Trop cruelle Trop cruelle

Album *SAVOIRS* - NED

Aucune nomination aux victoires de la musique des majors. Bref, pour l'auteur-producteur, ce fut encore un échec, et ce CD ne s'est pas vendu depuis des mois...
Quant aux relations avec les compositeurs-interprètes, elles se sont effilochées... Attendaient-ils trop de cet album ?

Quand on autoproduit un album, on verse des "'droits SDRM", environ 80% reviendront en "droits SACEM", le reste est mangé par "les généreux frais généraux".

À cette époque, après le paiement des 31,93 euros de la répartition 605 du 07.01.2009, je n'ai rien reçu avant la 609 du 06.01.2010 et son "solde antérieur" naturellement à zéro.
Ainsi, je n'avais jamais vu passer le moindre centime d'Afrique Occident. Certes, Sami Rama m'avait prévenu des droits dérisoires en Francs CFA à convertir en euros.
Mais il existe des sommes symboliques, de principes...
Il a existé un feuillet de répartition 608 avec
- *Il court il court le Sarko* : 1 centime collecté chez Virgin et 11 centimes sur Itunes
- *Afrique Occident*, origine BURKINA : 5,23 euros.
Soit un total de 5,34 euros en solde créditeur... Pendant ce temps-là, certains salaires sont apparus même indécents à des députés...

Le téléphone tremble

Cécilia - Hello !
Chirac - Ecoute, Sarko est près de toi ?
        Peux-tu lui dire « *Sarko, c'est quelqu'un pour toi* »
Cécilia - Ah ! C'est l'président d'autrefois
        Bon, je vais le biper
        Je crois qu'il fait des abdos
        Et qu'ensuite il reçoit monsieur Borloo
Chirac - Dis-lui, je t'en prie, crie-lui c'est important
        Des juges sont chiants
Cécilia - Dis, tu lui as fait quelque chose à mon Sarko ?
        Il fait toujours un bras d'honneur
        J'dois mettre ma main sur le micro
        Pour cacher ses gros mots
Chirac - Est-ce qu'au moins au fort de Brégançon
        Je pourrais me faire oublier quelques saisons ?
Cécilia - Ah non ! Cet espace de travail
        Doit rester au service de la nation
        Comme l'a écrit notre Général
        Le pouvoir doit être insoupçonnable, d'accord ?
Chirac - Ooooh… après tout ce temps
        Entre amis de trente ans
        Nico c'est comme mon enfant
Cécilia - Ah non ! Là t'es blessant
        Nico sera le plus grand de nos présidents
        Et nul ne sera au-dessus des lois
        C'est bien compris hein !

Chirac Refrain : Le téléphone tremble quand j'suis en sueur
        Quand j'lui crie mes problèmes
        L'écho d'sa joie me fend le cœur
        Oui le téléphone tremble, je n'ai plus que toi
        Pour me replacer au-dessus des lois

Chirac - Dans le coffre derrière la faïence, a-t-il trouvé mon message ?
    L'a-t-il jugé sage ?
Cécilia - Oh oui ! Il a tout brûlé
    La France a tourné la page
    Mais dis donc, comment est-il arrivé ce message ?
    T'as gardé un double, vieil enn'mi !
Chirac - Oh, ton soupçon m'fait d'la peine
    Tu le sais pourtant, comme je vous aime
Cécilia - Tu nous aimes ! Je crois qu't'as fumé, toi !
    Va voir Pasqua
    Il te montrera la voie
    Toi t'as peur, c'est ça ?

Chirac Refrain : Le téléphone tremble quand j'suis en sueur
    Quand j'lui crie mes problèmes
    L'écho d'sa joie me fend le cœur
    Oui le téléphone tremble, je n'ai plus que toi
    Pour me replacer au-dessus des lois

Chirac - Dis, écoute-moi
    Oui, le téléphone tremble pour la dernière fois
    Je serai demain mis en examen
    Oh dis, mais retiens-le
Cécilia - Il met sa veste
Chirac - Allons insiste !
Cécilia - Il communique
Chirac - Si il communique, alors bernique
Cécilia - Au revoir, Jacquot
Chirac - Au revoir, gamine

Parodie - Œuvre originale : Le téléphone pleure
Compositeurs : Bourtayre Jean-Pierre et Claude François
Auteur : Thomas Frank Arrangeur : Petit Jean-Claude
Interprète : Claude François

                          Benjy Dotti (droits sacem 2010)

Sur l'affiche du spectacle *PARODIES !* de Benjy Dotti, en tournée de rodage dès 2008, mon nom (Ternoise) est inscrit au côté des autres auteurs, Laurent Violet, Gilles Tessier et Gilbert Join.

Benjy Dotti m'avait d'abord demandé de lui réserver, dans un contrat "autorisation d'utilisation de textes de l'auteur", les parodies :

- *Quand j'étais le boss* (Chirac se souvient d'avoir été président), parodie de *Quand j'étais chanteur* de Michel Delpech
- *Le téléphone tremble* (Chirac téléphone à l'Elysée pour réclamer la protection de son Sarko adoré) parodie du *téléphone pleure* de Claude François.
- *Les sarkos* (présentation du *clan Sarkos*) parodie des *Bobos* de Renaud.
- *Le permis d'aimer,* parodie du *voyages en train* de Grand Corps Malade ;

Il fut par exemple 4 mois au théâtre *LE TEMPLE* à Paris, à partir d'octobre 2009... 3 euros 10 me furent versés en octobre 2010... Étonnant, non ? Certes, sur cette parodie du *téléphone pleure*, conformément aux règles du genre, seulement 2/12 des droits m'appartiennent donc le revenu global pour l'œuvre atteignait 18 euros 60...

À Rocamadour et Montauban, j'avais assisté au spectacle... Donc pouvais au moins prouver l'utilisation de mes créations sur ces prestations... Il ne m'aurait quand même pas noté sur ses affiches uniquement pour drainer dans les salles mes milliers (millions) de fans ?...

Épilogue de mes échanges avec un aimable salarié de la sacem, le 19 mars 2015 : « *J'ai repris ce dossier restant en attente, et au vu de celui-ci, les divers lieux stipulés présentent des difficultés de perceptions, soit ils ont fermé soit les organisateurs ont changés...... et hormis Rocamadour pour lequel notre délégation a pu nous transmettre des éléments, nous restons sans précisions pour les autres lieux de diffusion de ce spectacle.*

Néanmoins, en accord avec notre hiérarchie et les règles

récemment établies, nous procédons à l'élaboration d'un programme comportant 4 titres – le permis d'aimer – le téléphone tremble – les sarkos – deuxième génération Sarkozy. Que nous incluons dans notre répartition de juillet 2015 ; à noter que ces titres sont des parodies avec emprunt de titres existants, et que le règlement en votre faveur interviendra donc en octobre 2015. »

Je sais, c'est difficile, le "spectacle vivant". Des interprètes me causent souvent de leur impossibilité d'obtenir la transmission d'un formulaire jaune à la sacem. Fournir un cachet décent semblant déjà ardu, les organisateurs ne voient donc pas l'utilité de payer des gens qui ne travaillent même pas, les auteurs et compositeurs... Et les groupes ne peuvent pas, le plus souvent, se permettre de claquer la porte face aux *arrangements*...
Mais il y a des limites... Dans le cas présent, elles m'apparurent avoir été franchies... Dans son spectacle suivant, aucun des quatre auteurs de *Parodies !* ne figurait... Étonnant, non ?
2015, je souris : « *Conseiller artistique : Jean Marie Bigard.* » "Parrainage" surement très intéressant dans le milieu des comiques mais soyez attentif au texte *Les Sarkos* !

Les Sarkos

On les appelle mondains mondaines
Ou clan Sarkos dans les webzines
On sait qu'ils vivent loin des HLM
Qu'ils connaissent tout des bonnes combines
Z'ont sûrement des échasses
Tellement ils nous regardent de haut
Les disent toutes neuves, leurs vieilles godasses
Regardez-les tout nouveau tout beau
Et leurs artistes caviars pas d'en bas
Le come-back c'est leur seul crédo
Ça piaffe dès qu'ça voit du média
Sans les retouches gare aux photos !

Les Sarkos, Les Sarkos,
Les Sarkos, Les Sarkos,

Sardou j'peux pas le blâmer
Son cœur n'a jamais battu à gauche
Johnny c'est un obstiné
S'r'ait prêt à partir au Cambodge
Si y'a pas d'impôts à payer
Barbelivien ça fait bien cinquante ans
Qu'il veut rev'nir à la télé
Y peut faire chanteur, pour mal entendant

Se retrouvent dans un grand restaurant
Parlent d'implants et de faux biscotos
Ils pédalent qu'en appartements
Comme les bobos font du vélo

Les Sarkos, Les Sarkos,
Les Sarkos, Les Sarkos,

Bernard Tapie s'est mis dans l'rang
Ma femme me dit qu'elle comprend pas

Prie pour l'retour de Mitterrand
S'il gagne ses procès tu comprendras
Ils rient avec Christian Clavier
Ou quand Artur marche sur les mains
Font des mimiques sur TF1
Ont même leurs minorités
J'comprendrai jamais Enrico
Faudel qu'est-ce qu'il doit s'emmerder
D'écouter le Doc Gyneco

Les Sarkos, Les Sarkos,
Les Sarkos, Les Sarkos,

Z'ont même un type philosophie
André Glu je retiens jamais
J'l'imagine avec Sarkozy
Comme de la Suze dans le café
Pensent tous travailler à leur gloire
Sans savoir qu'la gloire s'en fout
Des combines et des Bigards
Z'auraient fait pareil avec Bayrou
C'aurait pu être pire pardi
Delanoë Gilbert Bécaud
Auraient sablé le Pastis
Avec Ruquier et Denisot

Les Sarkos, Les Sarkos,
Les Sarkos, Les Sarkos,

Tous ils applaudissent Mireille
La ressuscitée du troupeau (ou : La pasionaria du troupeau)
Sa Marseillaise elle fut nickel
Les veaux parfois frétillent du museau
La gauche peut pas tell'ment critiquer
Z'avaient Dalida et Ribeiro
Maint'nant z'ont les bobos friqués
Moi j'crois tout simplement qu'il faut

Savoir garder plume très très fine
Savoir rester du côté show
J'suis pas à l'abri, j'm'imagine
Comme pantin d'Bayrou ou d'Ségo

      Œuvre originelle : *Les Bobos*
      Compositeur : BUCOLO Jean-Pierre
      Auteur : RENAUD
      Interprète RENAUD

Benjy Dotti
Sacem 2015, normalement

Alors qu'environ 95% de ses membres peuvent être étiquetés pauvres (de leurs revenus musicaux), comment le Conseil d'Administration de la sacem a pu instaurer une politique spoliant les minces répartitions, donc favorable aux plus riches ?
Le Conseil d'Administration est verrouillé par les 5% de "parvenus".
Pour siéger à la table du pouvoir, il faut certes être élu mais seuls environ 5% des membres peuvent se déclarer candidats (et ils bénéficient de seize voix aux élections quand le minable plafonne à une).

"*La sacem ? une oligarchie*" explore, explique, ce phénomène. Cet essai ne semble intéresser personne... Certes, aucune invective, aucun mensonge à signaler... L'auteur ne fut même pas assigné pour diffamation... La vérité est suffisamment éloquente... Mais le premier qui dit la vérité, il sera ?

Le Permis d'aimer

> Un texte aussi long et ennuyeux que l'original... Il s'agissait d'une demande de Benjy Dotti, avec l'intention d'exploiter seulement quelques couplets. Mais la vraie parodie exige de tenir la longueur...

Le Permis d'aimer

J'te jure faut créer l'permis d'aimer demain matin
Comme quand tu veux conduire tu ouvres d'abord un bouquin
Ça t'évite de t'emballer et de percuter le premier clochard
Ça t'évite d'être flashé en couleur au premier radar

Les routes sont plus sûres depuis la création du permis à points
Même si les deux trois premiers matins ça a fait tout un foin
En amour comme sur les routes on meurt faute de sécurité
Pourtant les virages et les croisements sont toujours signalés
Mais tu vois pas toujours qu'ta copine elle croise un fonctionnaire
Et t'as beau faire, t'as appelé la sécurité routière
Elle saute par la portière même si elle oublie ses bagages
Elle s'ra pas avec toi pour sourire au prochain péage

Au péage la fille dans son petit baraquement
A déjà compris que t'es sur une voie d'égarement
Justement elle va dans quelques minutes laisser sa place
T'as bien envie de lui proposer un café ou une glace

T'en es encore à te demander quel peut bien être son âge
Qu'elle sait d'puis longtemps qu't'as envie d'un excès d'vitesse dans son corsage
T'as même pas remarqué qu'la DDE limite à 60 à l'heure
Avec des panneaux orange qui s'envolent au vent et font ton malheur

T'as déjà deux points en moins et t'as encore envie d'elle
Tu te souviens alors d'être déjà venu dans un p'tit hôtel

Tu lui dis que tu veux entrer pour toujours dans son cœur
Elle te balance « j'sais bien qu'tu vises pas aussi haut mon p'tit branleur »

Son humour te bloque les roues comme un frein à main de Jaguar
Maint'nant elle a envie d'un sandwich au resto de la gare
T'oses pas lui dire non, t'as bien trop peur qu'une telle princesse se vexe
Et c'est le deuxième excès de vitesse dans l'avenue Duralex

En voiture comme en amour t'en as marre de perdre des points
Comme t'es en récidive l'agent te dit que ce sera trois en moins
En plus t'es dans une ville où y'a jamais de place près de la gare
Le mieux c'est encore d'aller prendre un verre chez Edgar

En amour comme en voiture les pauses sont souvent le début du pétrin
Tu bois (et) tu oublies qu'on a changé les règles du quotidien
Avec un brave député tout PV sautait dans l'heure
Quand t'ouvrais un cœur c'était pour une vie d'vrai ou faux bonheur

T'as compris dès qu't'as vu les gyrophares qu't'allais souffler dans l'ballon
Ils t'ont demandé ton permis et t'ont juste dit « confiscation »
Elle a appelé un taxi et t'a traité d'pauvre imbécile
La fourrière emmenait déjà ta Renault quand elle t'a lâché ce missile

Tu pensais déjà l'inscrire en co-conductrice
Mais pauvre vieux c'était qu'une petite auto-stoppeuse
Montée avec toi parce que t'allais dans la bonne direction
Selon Saint Ex s'aimer c'est regarder dans la même direction
Saint Exupéry se souciait déjà des bonnes directives
J'y pense parfois quand je me sens complètement à la dérive
J'ai même plus un seul point pour continuer le voyage
La durite a explosé et j'ai le visage en nage

On croit que la voiture ça fait de nous des reines et des rois
Un jour on découvre qu'on peut tout simplement aller marcher dans les bois
Le matin un petit footing et traîner le soir très tard
D'abord on marche seul puis on croise des tonnes de regards

En amour comme en voiture, ivresse et vitesse nous sont fatals
Les grands voyages font d'la pollution pour voir qu'du banal
En amour comme en voyage j'm'en réfère à Confucius
Et pour mes plus grandes virées je fais confiance au bus

Œuvre originelle : *Les voyages en train*

    Auteur : MARSAUD Fabien
    Compositeur : SEGUY Nicolas
    Interprète : Grand Corps Malade

Benjy Dotti
Sacem 2015, normalement

Deuxième génération Sarkozy

J'm'appelle Junior et j'ai 15 ans
J'vis chez mon vieux à l'Elysée
J'ai mon BEP politique
J'suis un actif, j'sais me r'muer
J'suis un élu d'la République
Sainte Neuilly m'a ovationné

J'suis pas encore son député
Paraît qu'c'est à cause de mon âge
La prochaine fois j'me présent'rai
Pour cumuler les avantages
Tu sais qu'Conseiller Général
Papa m'a dit que c'est génial

J'ai rien à gagner, tout à prendre
C'est beau la vie
J'aime ce décor Disneyland
J'aime ces gens couchés
J'aime être servi
J'aime tout c'qui vous manque
Le confort et l'crédit

Papa voudrait bien me marier
Avec une fille comme sa Carla
Contrat de confiance à la bouche
Darty des trésors à la louche
Enfin tu vois une fille sympa
Une fan de Johnny Hallyday

Quand on me traite de m'as-tu vu
Je prends l'accent qu'vous connaissez
Même si ça se passe en pleine rue
J'hésite jamais à m'expliquer

Même le troupeau qui est perdu
Faut lui apprendre à bien voter

J'ai en stock quelques proverbes
Pour fermer le bec aux neu-neus
Papa m'a donné ses combines
C'est mon héros il est superbe
Si parfois j'l'appelle mon vieux
C'est pour faire rire tu l'imagines

Je suis un jeune homme en smoking
Dont l'avenir est tout tracé
C'est vrai que mon ciel il est tout bleu
Comme m'a dit un jour une Delphine
Dans sa Porsche je l'avais baisée
Tu vois j'suis un jeune de banlieue

Y'a un autre truc qui m'branche aussi
C'est les stars de toutes sortes
Mireille jusqu'à la star du rock
Mais pas c'qu'ils écoutent dans les caves
Moi j'y vais pas y'a des souris
Y'a même parfois des betteraves

Si tu trouves ma chanson débile
C'est que t'es pas de ma République
J'ai eu Rimbaud dans mon cartable
Et mes rimes en ville elles brillent
J'suis un fan de Stanley Kubrick
Et de Carla ça c'est normal

Des fois on m'dit qu'à trois mille bornes
De ma Neuilly y'a un pays
Avec les Bush à imiter
Ici y'aura les Sarkozy

Papa deux fois il va gagner
Et junior est super en forme

Alors comme je crois en l'avenir
J'me rime avec démocratie
Papa lui n'voudrait pas vieillir
N'veut pas qu'je l'pousse vers la sortie
Dans mes jambes j'ai comme des fourmis
Je suis comme tous les Sarkozy

Œuvre originale : *Deuxième génération* (Renaud Séchan)

Benjy Dotti
Sacem 2015, normalement

Sarkozizi méchant Sarkozizi

Refrain :
Sarkozizi, méchant Sarkozizi
Sarkozizi, tu nous plumeras

1.
Tu nous plumeras nos rêves (bis)
Et nos rêves (bis)
Sarkozizi
Ah !

> *Au refrain*

2.
Tu nous plumeras nos droits (bis)
Et nos rêves (bis)
Sarkozizi
Ah !

> *Au refrain*

3. Tu nous plumeras les vieux (bis)...
4. Tu nous plumeras les mecs (bis)...
5. Tu nous plumeras les meufs (bis)...
6. Tu nous plumeras les blancs (bis)...
7. Tu nous plumeras les blacks (bis)...
8. Tu nous plumeras les beurs (bis)...

Quant à cette petite adaptation d'une œuvre du domaine public, *Alouette*, j'ignore qui l'a déclarée en utilisation publique. Elle me "rapporta", royalement, 18 euros 60 en janvier 2010.
"Naturellement", je ne les ai pas touchés, ces 21 euros 70 car la sacem m'a retiré 7,50 de cotisation, moins l'assurance maladie (qui ne me couvre rien), CSG, CRDS et « *solde non réglé, s'ajoutera à votre prochaine répartition* »...

Le footballeur du coup d'boule

J'suis l'footballeur du coup d'boule
Le retraité préféré de la foule
Le gars qui perd ses nerfs
Si t'insultes sa mère
J'pourrais 'core jouer dix ans à Metz
Mais faut qu'ce soit ce geste qui reste
Que partout il soit écrit
Zidane est bien plus grand que l'Italie
Tant pis si mon cas j'l'aggrave
Qu'ma voix est trop grave
Chirac m'a congratulé
Et les sondages m'ont approuvé

Des coups d'boule, des coups d'boule encore des coups d'boule
Des coups d'boule, des coups d'boule toujours des coups d'boule
Des coups qu'ont d'la classe
Des coups toujours classes
Des coups d'boule, des coups d'boule encore des coups d'boule
Des coups d'boule, des coups d'boule toujours des coups d'boule

J'suis l'footballeur du coup d'boule
Celui qui vous donne la chair de poule
Connu sur toute la planète
Voyez ma tête
Sur toutes les images panini
Mon poster au-dessus des lits
Et ma petite défaillance
Fait de moi un homme symbole de la France
Je rejoue l'match je zigzague
C'est qu'une blague
Au lieu d'cogner je vais marquer
C'est la fête aux Champs Elysée

Pour m'sortir de ce trou où je deviens fou
Des coups d'boule, des coups d'boule encore des coups d'boule

Les drapeaux se taillent
Les femmes défaillent
Et je reste dans mon trou j'me sens dev'nir fou
Des coups d'boule, des coups d'boule encore des coups d'boule

Des coups d'boule, des coups d'boule
Des coups d'boule, des coups d'boule

J'suis l'footballeur du coup d'boule
Mes sponsors croient toujours qu'je suis le roi

Je sais mener ma barque
Mieux qu'Mireille Darc
Et comme je suis un jeune milliardaire
J'vais m'faire construire des grands vestiaires
Et chaque jour ça j'en suis sûr
J'irai y pleurer ma grande blessure

En public jamais je doute
Coûte que coûte
J'apprends cette règle à mes enfants
Pour eux comme pour vous j'suis géant

J'donne des coups d'boule, des coups d'boule encore des coups d'boule
Des p'tits coups, des p'tits coups toujours des coups d'boule

Y'a d'quoi d'venir dingue
Lancer une marque de fringues
Faire des coups, des p'tits coups, des nouveaux p'tits coups
Des p'tits coups, des p'tits coups, des nouveaux p'tits coups
Et un jour je racont'rai tout
Le gamin n'avait pas un sou, s'prenait des coups
Des coups d'boule, des coups d'boule, des coups d'boule

Œuvre originelle : Le poinçonneur des lilas (Serge Gainsbourg)

Créée sur scène en 2011 par Guillaume Ibot
Sacem 2012

Français, tu dors

Français, tu dors
Ton Sarko, ton Sarko
Va trop vite
Français, tu dors
Ton Sarko, ton Sarko
Va trop loin
Ton Sarko, ton Sarko
Va trop vite
Ton Sarko, ton Sarko
Va trop loin

Adaptation d'une chanson traditionnelle : Meunier, tu dors

Qui l'interpréta ?
Sacem 2012

Adapter une chanson traditionnelle permet d'obtenir l'intégralité des droits (12 / 12 dans le jargon sacem). Pourtant sur le feuillet de la répartition 619 du 05.07.2012 (je n'avais rien reçu entre 616 et 621), me sont attribués uniquement 2/12. Où sont passés les autres ? Question...

« Bonjour Stéphane,
Explication : la parodie des « Français tu dors », s'appuie sur la chanson de *Meunier tu dors,* vous avez donc la paternité de la parodie à 100% mais l'œuvre originale est présente, donc dans ce cas en fonction du dépôt et du passage en commission, la documentation chez nous fait apparaitre 2/12 à l'adaptateur et 10/12 à la musique originale.
Dans le cas de cette parodie comme *Meunier tu dors* est du domaine publique de toute façon vous touchez la totalité des droits de celle-ci mais effectivement vous ne voyez sur les feuillets qu'une part de 2/12.
Vous pouvez voir cela dans le règlement général article 66.
Cordialement.
lundi 17 août 2015 08:34 »

Album *Vivre Autrement (après les ruines)*

Je notais sur le livret :

« Ce fut très long : quatre années ! Avec Lor, 14 titres furent ainsi travaillés, le répertoire de Blondin devient très intéressant, et durant nos longues conversations Dragan explore ses envies musicales...

Vivre autrement, le deuxième album www.concourschansons.com du vaste projet d'œuvre musicale chantée d'un écrivain, avec six interprètes venus de régions et d'horizons divers.

Des romans, des essais, des pièces de théâtre et des textes de chansons, comme la majorité des pigeonniers sur piliers, mon expression tient sur quatre socles.

Internet est une déception dans son versant musical, récupéré par les grosses structures qui n'en voyaient pas l'utilité quand j'essayais (an 2000) d'expliquer aux créateurs l'urgence de s'approprier cet espace. Puisse le monde de l'édition ne pas suivre la même route... Mais pour un auteur, le net reste une chance, la possibilité de proposer des projets, rencontrer ses partenaires de jeu.

www.utopie.pro est né sur les décombres du vieux monde. Une utopie professionnelle : le changement, c'est maintenant (vous vous souvenez de François Hollande candidat à la Présidence de la République ?)

Ces quelques phrases n'étaient presque rien, même pas de la poésie peut-être.

Merci Laure, Magali, Jean-Luc, Dragan, David, Yann, de vous les être appropriées pour en faire un élément essentiel de ces chansons.

Merci à Jean-Paul Bonbyfalat (Music-BDFL - 13770 Venelles). Il assure la continuité musicale avec SAVOIRS. Durant la mastérisation, il est parvenu à réunir nos sons... une relation de confiance s'est instaurée...

Écrivain, en de nombreux points le monde musical m'est étranger. Cet album nécessita encore une bonne dose d'équilibrisme ! C'est ma vie ! »

Des moyens dérisoires mais cinq années de travail (d'abord le projet lancé sur www.concourschansons.com). Autoproduction vraiment indépendante. Avec le budget d'un Cabrel, je réalise au moins 50 albums !

Une démarche d'albums d'auteur unique en France, avec un nouveau groupe également intitulé "Stéphane Ternoise" : deux chanteuses (Lor et Magali Fortin), quatre chanteurs (Blondin, David Walter, Dragan, Yann Ferant). Les six interprètes ont créé leur musique.

Cet album recèle de petits bijoux comme *Les lois du marché de la création* de Dragan, *Une usine à rêves* de Lor, *Une seule et même couleurS* de Magali Fortin...

Sortie : avril 2013.

Malgré l'échec commercial, prévisible, ce CD a, au moins, servi de détonateur... pour Blondin : batteur depuis deux décennies (c'était lui dans *les Paladins* dont il reste l'album *contre vents et marées* de 1999), il débuta le 20 juillet 2013 ès chanteur au troisième festival de la chanson française de Chémery...

On laisse détruire l'indispensable

On veut du gaz et du pétrole
Il faut qu'elles roulent nos bagnoles
Il faut bien se chauffer l'hiver
Et que l'économie prospère

Pour tout c'qu'on croit (de) nécessaire
On laisse détruire l'indispensable
On sacrifie même la terre
Pour des plaisirs disons minables

On veut des fruits qui s'exposent
Aussi beaux qu'les bouquets de roses
Les pesticides feront l'affaire
On sait qu'les nitrates nourrissent la terre

Pour tout c'qu'on croit (de) nécessaire
On laisse détruire l'indispensable
On sacrifie même la terre
Pour des plaisirs disons minables

En hiver on veut des tomates
Que les fraises soient écarlates
On veut même skier dans les déserts
Noël et son conifère bien vert

Pour tout c'qu'on croit (de) nécessaire
On laisse détruire l'indispensable
On sacrifie même la terre
Pour des plaisirs disons minables...

Album *Vivre Autrement (après les ruines)*
David Walter

Justice j'écris ton nom

On les aime bien les proprios
Mais on a b'soin d'un logement
On vous cass'ra pas le frigo
Passez si vous avez le temps

Propriété, ton DROIT est le plus sacré
Mais il suffit d'un pied de biche
Pour viv' comme si on était riche
Justice j'écris ton nom

Tell'ment d'résidences secondaires
Fermées plus d'trois cents jours par an
Y'a même des résidences tertiaires
Ouvertes quelques heures seulement
Et faudrait qu'on vive sous des ponts
Alors qu'elles moisissent leurs maisons
Justice j'écris ton nom

Tandis qu'on campait dans l'coin
Des anglais nous ont invités
Ils nous ont dit 'on part demain'
Le lend'main on s'est installé
Les voisins nous ont cru de bonne foi
Pensaient qu'on louait sérieusement
Tout s'passa bien durant six mois
Mais les english c'est énervant
Sont revenus avant l'trois août
Virés quasi nus sur la route

Propriété, ton DROIT est le plus sacré
Mais il suffit d'un pied de biche
Pour viv' comme si on était riche
Justice j'écris ton nom

On en a causé aux amis
On s'est créé l'association
Pour qu'on donne aux Hommes sans logis
Des clés qui ouvrent ces maisons
Ça pourrait s'passer sans menace
Notre idée plaît pas aux rapaces
Justice j'écris ton nom

On s'veut des squatters honnêtes
On a des contrats d'occupants
Oui mais les proprios nous jettent
Alors faut bien faire autrement
La France a trop de maisons vides
Tandis qu'des gens vivent dans les rues
Pas b'soin d'bâtir des pyramides
Mais ils le refusent nos élus
Seraient-ils des propriétaires
De résidences secondaires

Propriété, ton DROIT est le plus sacré
Mais il suffit d'un pied de biche
Pour viv' comme si on était riche
Justice j'écris ton nom

Comment convaincre les proprios
Qu'les fenêtres ouvertes c'est la vie
Qu'le partage c'est encore plus beau
Je te loge à titre gratuit
On n'invente pas d'nouveaux modèles
Sans choquer la carte Vermeille
Justice j'écris ton nom

Apprenez que même les murs
Ont aussi besoin de la vie
Abandonnés ils se fissurent
Plafonds infestés de souris

Oui les ouvrir c'est les sauver
N'en déplaise aux héritiers
N'en déplaise aux gouvernements
Au ministère du logement
Et quand les gendarmes nous emmènent
Ils nous logent comme logeait Diogène

Propriété, ton DROIT est le plus sacré
Mais aux Hommes sans toit les clés
Des maisons inoccupées
Justice j'écris ton nom

Président écoute not' chanson
On baissera pas la pression
Plutôt que la consommation
Faut taxer l'inhabitation
Quand droit au logement exclu
Au château, chahut

Album *Vivre Autrement (après les ruines)*
Blondin

Les lois du marché de la création

Hé monsieur Utopie faut bien bouffer
On a besoin des miettes qu'ils nous jettent
On voudrait bien créer en toute liberté
Mais les marchands tiennent le marché

Quand tu crées
Tu crées pas pour eux
Et pourtant tu sais
Qu'entre toi et le public
Y'aura les nuisances du fric
Et leur puissance de feu

Si t'es pour eux une très bonne vache à lait
Les marchands te f'ront tête de gondole
Les spéculateurs pourront même t'engraisser
T'auras le label idole

Quand tu crées
Tu crées pas pour eux
Et pourtant tu sais
Qu'entre toi et le public
Y'aura les nuisances du fric
Et leur puissance de feu

Des créateurs et des subventionneurs
Des créateurs et des installés
Des créateurs et des tonnes de profiteurs
Des créateurs parfois rêveurs

Quand tu crées
Tu crées pas pour eux
Et pourtant tu sais
Qu'entre toi et le public
Y'aura les nuisances du fric
Et leur puissance de feu

Album *Vivre Autrement (après les ruines)*
Dragan Kraljevic

Manipulés

Manipulés
Manipulés
Manipulés

Si vous leur proposez un bouquin
Ils vous répondent l'air malin
J'veux pas m'laisser influencer
J'ai mes idées
Et j'y tiens

Manipulés
Manipulés
Ils ont les opinions
De leur télévision
Manipulés
Manipulés
Au point de mépriser
Tout c'qui pourrait les éclairer
Manipulés
Manipulés
Manipulés

Quand sonne l'heure du choix dans l'isoloir
Bien sûr ils restent sans mémoire
Après ils vont manifester
Manifester
Et gueuler

Manipulés
Manipulés
Ils ont les opinions
De leur télévision
Manipulés
Manipulés
Au point de mépriser
Tout c'qui pourrait les éclairer

Manipulés
Manipulés
Manipulés

Si vous leur proposez un bouquin
Ils vous répondent l'air malin
J'veux pas m'laisser influencer
J'ai mes idées
Et j'y tiens

Manipulés
Manipulés
Ils ont les opinions
De leur télévision
Manipulés
Manipulés
Au point de mépriser
Tout c'qui pourrait les éclairer
Manipulés
Manipulés
Manipulés

Album *Vivre Autrement (après les ruines)*
Lor

Une seule et même couleurS

Du blanc, du jaune, du noir
Un peu de rouge, quelle importance
Si pour s'aimer, il faut avoir
La même couleur, quelle existence

La couleur de ta peau
La couleur de ma peau
Quand nos regards se mélangent
La couleur de ta peau
La couleur de ma peau
Pourtant, il y en a que ça dérange

Je me souviens d'un soir
Où la haine et la violence
Ont suspendu dans un bois
Bien d'étranges fruits dans les branches

La couleur de ta peau
La couleur de ma peau
Quand nos sourires se mélangent
La couleur de ta peau
La couleur de ma peau
Pourtant, il y en a que ça dérange

Quand on apprend l'histoire
Même la justice dans sa balance
A condamné au couloir
Des hommes pour avoir dit une évidence

La couleur de ta peau
La couleur de ma peau
Lorsque nos rires se mélangent
La couleur de ta peau
La couleur de ma peau
Pourtant, il y en a que ça dérange

Au nom du pouvoir, de l'économie

Et au nom de la différence
On a brûlé et pillé des vies
Autour d'une question d'apparence

La couleur de ta peau
La couleur de ma peau
Lorsque nos mains se mélangent
La couleur de ta peau
La couleur de ma peau
Pourtant, il y en a que ça dérange

La couleur de ta peau
La couleur de ma peau
Lorsque nos cœurs se mélangent
La couleur de ta peau
La couleur de ma peau
Pourtant, il y en a que ça dérange

La couleur de ta peau
La couleur de ma peau
Lorsque nos corps se mélangent
La couleur de ta peau
La couleur de ma peau
Pourtant, il y en a que ça dérange

La couleur de ta peau
La couleur de ma peau
Avant que toutes les couleurs ne se mélangent
La couleur de ta peau
La couleur de ma peau
Il y en aura toujours que ça dérange

Car il n'y a qu'une seule et même couleurs
Qu'une seule et même couleurs, dans mon cœur

Album *Vivre Autrement (après les ruines)*

Le 16 décembre 2013, Magali Fortin offrirait une autre porte d'écoute au titre "*Une seule et même couleurS*", musicalement "légèrement retravaillé", via son cinquième album "*Bienvenue sur la route.*"

Amour - Encore une nuit sans Toi

Encore une nuit sans toi
Une heure au téléphone
Avant de se dire bonsoir
Ne lis pas trop tard que tes rêves soient sans cauchemars

Encore une nuit sans toi
T'as parlé d'Amitié
Estime intellectuelle
Cette absence d'attirance physique comme c'est cruel

Encore une nuit sans toi
L'amour qui te fait peur
Je sais bien sûr nos blessures
Et mon air pas sûr de blessé qui se rassure

Encore une nuit sans toi
Pas un ami y croit
Quand j'ose avouer qu'mes nuits
Seront avec toi ou les draps resteront froids

Encore une nuit sans toi
Encore une nuit sans toi
Encore une nuit sans toi...

Album *Vivre Autrement (après les ruines)*
Dragan Kraljevic

« J'aurais voulu t'écrire une chanson d'amour
Pleine de bons sentiments, de départs, de retours
Enrobée de violons et de chœurs et d'échos
Enfin bref une chanson qui passe à la radio... »
Bernard Lavilliers, *Juke-box*

Et au nom de la différence
On a brûlé et pillé des vies
Autour d'une question d'apparence

La couleur de ta peau
La couleur de ma peau
Lorsque nos mains se mélangent
La couleur de ta peau
La couleur de ma peau
Pourtant, il y en a que ça dérange

La couleur de ta peau
La couleur de ma peau
Lorsque nos cœurs se mélangent
La couleur de ta peau
La couleur de ma peau
Pourtant, il y en a que ça dérange

La couleur de ta peau
La couleur de ma peau
Lorsque nos corps se mélangent
La couleur de ta peau
La couleur de ma peau
Pourtant, il y en a que ça dérange

La couleur de ta peau
La couleur de ma peau
Avant que toutes les couleurs ne se mélangent
La couleur de ta peau
La couleur de ma peau
Il y en aura toujours que ça dérange

Car il n'y a qu'une seule et même couleurs
Qu'une seule et même couleurs, dans mon cœur

Album *Vivre Autrement (après les ruines)*

Le 16 décembre 2013, Magali Fortin offrirait une autre porte d'écoute au titre "*Une seule et même couleurS*", musicalement "légèrement retravaillé", via son cinquième album "*Bienvenue sur la route.*"

Amour - Encore une nuit sans Toi

Encore une nuit sans toi
Une heure au téléphone
Avant de se dire bonsoir
Ne lis pas trop tard que tes rêves soient sans cauchemars

Encore une nuit sans toi
T'as parlé d'Amitié
Estime intellectuelle
Cette absence d'attirance physique comme c'est cruel

Encore une nuit sans toi
L'amour qui te fait peur
Je sais bien sûr nos blessures
Et mon air pas sûr de blessé qui se rassure

Encore une nuit sans toi
Pas un ami y croit
Quand j'ose avouer qu'mes nuits
Seront avec toi ou les draps resteront froids

Encore une nuit sans toi
Encore une nuit sans toi
Encore une nuit sans toi...

Album *Vivre Autrement (après les ruines)*
Dragan Kraljevic

« *J'aurais voulu t'écrire une chanson d'amour*
Pleine de bons sentiments, de départs, de retours
Enrobée de violons et de chœurs et d'échos
Enfin bref une chanson qui passe à la radio... »
Bernard Lavilliers, *Juke-box*

Silicone

Faut pas croire qu'un peu de silicone
F'ra d'toi la nouvelle icône
Faut pas croire qu'un peu de silicone
F'ra d'toi la nouvelle Antigone
Faut pas croire qu'un peu de silicone
Va changer la vie d'une conne

Je vous l'avoue sans gêne
Moi j'aime...
Les poitrines à la Jane

Faut pas croire qu'un peu de silicone
Et hop plus personne t'abandonne
Faut pas croire qu'un peu de silicone
Et allez hop tout le monde s'abonne
Faut pas croire qu'un peu de silicone
Et il fait beau en automne

Je vous l'avoue sans gêne
Moi j'aime...
Les poitrines à la Jane

Faut pas croire qu'un peu de silicone
Et près d'toi les matous ronronnent
Faut pas croire qu'un peu de silicone
Rend la vie moins monotone
Faut pas croire qu'un peu de silicone
Et il sonne sonne le téléphone

Je vous l'avoue sans gêne
Moi j'aime...
Les poitrines à la Jane

Album *Vivre Autrement (après les ruines)*
Yann Ferant

Les tortionnaires de la terre

Leur a fallu des ministères
Pour comprendre qu'on a une seule terre
Si on les laisse faire leurs affaires, faut stériliser les enfants

Faut pas nous prendre pour des Drucker
Nous caresser comme des cockers
Vos discours sur l'environnement ce ne sont que des boniments

Salut à vous les tortionnaires
Les tortionnaires de la Terre
Vous avez dévoré nos sols, contaminé diaboliquement

OK pour une journée d'la Terre
Répertoriez donc son calvaire
Pour la toussaint d'la mer photographiez le cimetière géant

La fonte des glaciers s'accélère
Et prolifèrent les déserts
Tandis qu'les brigands d'pollueurs offrent à leurs maîtresses des diamants

Les vaches sont leurs boucs-émissaires
Leur digestion pas exemplaire
Même devant les bouleversements ils contestent l'évident

Salut à vous les tortionnaires
On ne va plus se laisser faire
S'il le faut on sera violent on piss'ra sur les arrogants

OK pour une journée d'la Terre
Mais sans Kouchner sur France-Inter
Occident c'est pas un accident si y'a plus de printemps

Faut-il donner aux pères aux mères
Des utopies très mensongères
Pour qu'ils cachent à leurs enfants qu'le futur est effrayant

Parlementaires et hommes d'affaires
Je vous méprise sans colère
Vous avez trahi l'Humanité vous n'êtes plus que morts-vivants

La terre n'est plus qu'un grabataire
Paradis fragile comme du verre
Mais elle peut détruire les tarés dans un ultime enlisement

Et si l'on se prenait pour Voltaire
Qu'on essayait d'sauver la terre
Qu'on renversait l'gouvernement, guitare ciel bleu et rantanplan

Album *Vivre Autrement (après les ruines)*
Blondin

T'as choisi

T'as choisi
De pas vivre comme tes parents
De pas vivre comme les enfants
Avec qui, tu as grandi

T'as choisi
Tu prétends que dire amen
Dans un bureau trois semaines
Ça t'a largement suffi

T'as choisi
De partir dans le Quercy
Là où poussent les pruneaux
Un parmi les marginaux

Mais jamais n'oublie
Que toujours on suspecte se méfie
De celui qui vit
En dehors des chemins établis

T'as choisi
De vivre de tes produits
D'élever poules et dindons
Canards lapins et pigeons

De faire de la poterie
Des oiseaux en pierres taillées
Sur les marchés t'installer

Tu dis ne plus pouvoir vivre
Sans dévorer des livres
T'y passes même toutes tes nuits

Mais jamais n'oublie
Que toujours on suspecte se méfie
De celui qui vit
En dehors des chemins établis...

Album *Vivre Autrement (après les ruines)*
Dragan Kraljevic

Une usine à rêves

Marlène Marylin
Et toutes leurs frangines
Toujours des filles fragiles
Des décennies qu'elles défilent
Dans un grand jeu
Où des mégalos se prennent pour Dieu

Et toi aussi
Toi qui as grandi
Avec pour tout modèle
Des actrices des top-models
Tu sais qu't'es belle
Tu veux d'la vie plus que du réel

Une usine à rêves
C'est plaire ou crève
Une usine à rêves
Où quand on te dit « pense »
C'est pense aux apparences
Une usine à rêves
C'est plaire ou crève

Tu vois des gamines
Dev'nir héroïnes
Elles n'ont rien d'plus que toi
Les médias en sont fadas
Tu comprends pas
Pourquoi les producteurs t'répondent pas

Alors tu déprimes
Descente en abîme
Maintenant tu dis oui
Quand on te dit « c'est ainsi »
Tu les laisses faire
Tu veux tant voir le soleil sur terre

Une usine à rêves
C'est plaire ou crève
Une usine à rêves
Où quand on te dit « pense »
C'est pense aux apparences
Une usine à rêves
C'est plaire ou crève

Album ***Vivre Autrement (après les ruines)***
Lor

Celui que je serai

Tu regardes des photos
Tu as recueilli des propos
De ceux qui prétendent m'avoir bien connu
M'ont aperçu au hasard d'une déconvenue

Mais je suis bien plus
Celui que je serai
Que le sosie la poupée russe
De mon passé
Bien plus celui que je serai
Que décalcomanie du passé

Tu dis tel père tel fils
La vie n'est qu'une pente où l'on glisse
Tu penses que tout est écrit d'avance
Qu'à la naissance tu tires ou non la carte chance

Mais je suis bien plus
Celui que je serai
Que le sosie la poupée russe
De mon passé
Bien plus celui que je serai
Que décalcomanie du passé

T'as mon chapelet d'erreurs
Que t'égrènes pour fermer ton cœur
À force de trop fixer les vieux sillons
Tu es devenue sourde aux bonnes résolutions

Mais je suis bien plus
Celui que je serai
Que le sosie la poupée russe
De mon passé
Bien plus celui que je serai
Que décalcomanie du passé

Album *Vivre Autrement (après les ruines)*
David Walter

Continuer d'y croire

Quand même les amis
Crient à l'utopie
Ne font même plus semblant
D'être certains d'un bon dénouement

Quand les statistiques
Disent c'est dramatique
Qu'en probabilités
On perd son temps à s'entêter

Continuer d'y croire
Les lumières les voir
Savoir se persuader
Qu'on va y arriver
Continuer d'y croire
Garder en soi la joie
Au-dessus des aléas
Continuer d'y croire

Quand les portes se ferment
Les promesses se perdent
Quand siffle le mauvais vent
Celui qui importe les tourments

Même quand chaque jour
Rajoute un doute
Que tournent les vautours
Que tout indique la déroute

Continuer d'y croire
Les lumières les voir
Savoir se persuader
Qu'on va y arriver
Continuer d'y croire

Garder en soi la joie
Au-dessus des aléas
Continuer d'y croire

Quand tous les miroirs
Reflètent le désespoir
Et qu'les informations
Ne laissent aucune illusion

Quand les spécialistes
Ont le regard perdant
Quand la douleur persiste
Malgré le printemps, les calmants

Continuer d'y croire
Les lumières les voir
Savoir se persuader
Qu'on va y arriver
Continuer d'y croire
Garder en soi la joie
Au-dessus des aléas
Continuer d'y croire...

Album *Vivre Autrement (après les ruines)*
Yann Ferant

Les Ruisseaux

Les ruisseaux sont asséchés
Faut surtout pas pleurnicher
À la mairie on répond
C'est comme ça en cette saison

Oui désormais fin d'été
Ici l'eau a déserté
C'est pas une fatalité
L'temps des poissons a existé

C'était vallée aux fruitiers
Des pommiers des abricotiers
Mais ils ont tout arraché
Y'avait des primes à empocher

Et depuis c'est le maïs
Le champion du bénéfice
Peu importent les préjudices
Faut qu'en eau l'maïs se nourrisse

Oui désormais fin d'été
Ici l'eau a déserté
C'est pas une fatalité
L'temps des poissons a existé

Les maïs sont irrigués
Les ruisseaux sont asséchés
Monsieur l'maire est souriant
Ses électeurs ont du rend'ment

C'était vallée aux fruitiers
Des pommiers des abricotiers
Mais ils ont tout arraché
Y'avait des primes à empocher

Oui désormais fin d'été
Ici l'eau a déserté
C'est pas une fatalité
L'temps des poissons a existé

Album *Vivre Autrement (après les ruines)*
Blondin

« *Stéphane Ternoise alias Blondin... Blondin alias Stéphane Ternoise... Stéphane Ternoise alias Stéphane Ternoise... c'est à plus rien y comprendre tellement cet auteur de textes est capable de se transformer tel un caméléon pour rentrer dans les exigences de ses collègues demandeurs, à tel point que l'on n'a pas l'impression de chanter ses chansons, mais les textes de Stéphane Ternoise. Il en est donc même capable de faire des textes, des écrits de variétés, sujets, types divers tellement il s'adapte. Et puis ses textes apportent la logique musicale ou se marient à merveille avec la musique déjà prête... Stéphane Ternoise reste mon interlocuteur de la scène, à un point qu'on en arrive à chanter sans peur et sans reproche, mais surtout sans la pensée de chanter des conneries qui ne veulent rien dire... c'est un soutien moral scénique qui nous permet nous, artistes, de se concentrer sur nous et non de se demander comment va réagir le public... et pourtant il n'a pas peur de dire tout haut ce que tout le monde aimerait dire... grâce à lui, le public peut venir avec ses oreilles !!... Stéphane Ternoise c'est ma bouche, c'est une partie de mon personnage de scène, et j'en suis pas peu fier m'sieurs dames !!... »*

Le 19 août 2015
Blondin

Les ruisseaux, *Justice j'écris ton nom* et *Les tortionnaires de la terre* figurent au répertoire de *Blondin et la bande des terriens*, sur les routes en 2014 et 2015...

Vivre autrement

On nous d'mand'ra d'travailler
On répondra qu'on ne sait pas
On n'va quand même pas leur dire
Que nous on préfère faire l'amour

Oui nous avons choisi de vivre autrement
De vivre De vivre selon les sentiments

Triste mine tête d'angine
On jouera victime aux abois
Avec ces gens-là faut tricher
Avec ces gens-là faut s'cacher

Oui nous avons choisi de vivre autrement
De vivre De vivre selon les sentiments

Bien sûr c'est la dèche
On s'plaint pas c'est bien pire au Bengladesh
On vit au mini minimum
Pour vivre le maxi maximum

Oui nous avons choisi de vivre autrement
De vivre De vivre selon les sentiments

Les soirs de galère on les gère
Pas de télé mais des câlins
Pas de stress ni j'décompresse
Donc tout va bien, oui tout va bien

Oui nous avons choisi de vivre autrement
De vivre De vivre selon les sentiments

Album *Vivre Autrement (après les ruines)*
Lor

La distribution numérique des albums

Producteur de *"Vivre Autrement (après les ruines)"* j'ai naturellement essayé de le distribuer sur un maximum de plateformes d'écoutes et ventes. J'e n'ai pas été l'un des derniers à signer avec « le label / Distributeur Digital Alien Prod. » Je n'ai jamais reçu le double du contrat envoyé en deux exemplaires mais nous avons eu la joie de voir cet album sur Itunes, Virgin, Deezer...

Un mail de confirmation existe, du 26 mai 2012 :

« Bonjour,
Vos Données Personnelles ont été validées par un Agent administratif ALIEN PROD.
Si vous données changent à l'avenir (adresse, email, Paypal, R.I.B, ...) il sera nécessaire de demander la modification par LRAR envoyée à :
ALIEN PROD
Licence de Droits Numériques
66 Avenue des Champs - Elysées LOT 41
75008 PARIS - FRANCE
Vous êtes désormais éligible techniquement à recevoir vos Comptes de Redevances (Q1, Q2, Q3, Q4) chaque trimestre comptable. (31 Mai, 30 Août, 30 Novembre, 28 Février)
Nous vous souhaitons de nombreuses ventes sur le réseau mondial opéré par ALIEN PROD.
Pour augmenter vos ventes, utilisez les Services de Promotion Premium proposés par ALIEN PRODI. Rendez-vous sur http://www.alienprod.fr et consultez les offres "PROMO RELEASE".
Bien à vous,.
L'équipe d'ALIENPROD. »

Du contrat, il convient de noter l'absence de frais pour le producteur et une rémunération très correcte : « 7.1. Alien Prod s'engage à verser au Concédant une redevance proportionnelle égale à 80% (quatre vingt pour cent) HT des recettes nettes perçues par Alien Prod. Par recettes nettes perçues, il convient d'entendre tout somme que Alien Prod percevra directement des PLATES-FORMES DE TÉLÉCHARGEMENT DE MUSIQUE EN LIGNE et/ou des SERVICES DE TÉLÉCHARGEMENT POUR TELEPHONES MOBILES ayant conclu avec lui des relations contractuelles pour l'exploitation des OEUVRES DU CATALOGUE CONCEDE, toute commission de distribution ou de collaboration étant déjà déduite puisque retenue par les SERVICES EN LIGNE, diminuée uniquement des droits SACEM des oeuvres concernées lorsqu'ils ne sont pas payés directement par LES CLIENTS D'ALIEN PROD et que Alien Prod en assume la charge. »

Immateriel, distributeur de mes livres numériques, a su grandir avec un modèle économique décent, une marge de 10% sur les ventes. Les 20% d'Alien Prod ne peuvent donc apparaître insuffisants, expliquer le fiasco.

Le 20 mars 2013 je recevais ainsi à 17 h 31 :
« Toute l'équipe du Label Digital ALIEN PROD est heureuse de vous informer que la livraison, à nos CLIENTS, de votre Release ID 2280 Stephane Ternoise - "Vivre autrement" est à présent terminée.

Vous devez dès à présent vous assurer de son exposition en Radio (FM et Webradios) et (éventuellement en Club) en publiant immédiatement St☐phane Ternoise – Vivre autrement sur AIRPLAYBUZZ !

Rendez-vous de suite sur https://www.promobuzz.fr/airplay-buzz/ pour publier sur la Base Médias Internationale AIRPLAYBUZZ et vous assurer une exposition immédiate dans 52 pays !

AIRPLAYBUZZ = Diffusions Radio / Club / Presse = Exposition + Notoriété = Nombreuses diffusions en radio et ventes sur les stores = Droits (Droits Voisins / Sacem)

Quelques informations concernant votre release 2280 :

Vous pouvez retrouver cette release dès à présent sur la page "SHOWCASE BY" de l'artiste concerné(e) à l'adresse : http://st☐phane-ternoise.alienprod.fr

La release ID 2280 Stephane Ternoise – "Vivre autrement" a été délivrée sur les serveurs de l'ensemble de nos CLIENTS dans le monde entier (69 pays).

Chaque plate forme et chaque opérateur ayant ses propres délais de publication, il est conseillé de consulter régulièrement http://Stephane Ternoise.alienprod.fr afin de vérifier la présence de votre release sur les principales plate formes et les principaux opérateurs mobile.

Dans les 2 heures, la commande directe via le PLAYER FLASH sera disponible à l'adresse : http://www.xdcast.tv/audioPurchase.php?u=307592-3760163673417

C'est ce même lien http://www.xdcast.tv/audioPurchase.php?u=307592-3760163673417 que vous pourrez publier sur FACEBOOK, TWITTER ou MYSPACE !

Vous pouvez également publier sur les réseau sociaux la page "SHOWCASE BY" en publiant directement le lien "http://st☐phane-ternoise.alienprod.fr" ou en utilisant les fonctions de "BUZZ" sur la page.

Votre page "SHOWCASE BY" présente également le service "SMS DIRECT" permettant le téléchargement de vos "tracks" sur MOBILE en France, Belgique, Suisse, Royaume-Uni, Irlande, Espagne, Portugal, Allemagne, Pays-Bas, Danemark, Suède et Norvège.

A titre informatif, comptez de 24 H à 7 jours ouvrés chez Virginmega.fr, Deezer.com, Beezik.com, Junodownload.com, Allomusic.com, iHeart.com, Zvooq.ru, Djtunes.com, musicMe.com, Grooveshark.com, Spotify.com, Orange.fr, Last.fm, 7digital.com, Jamba.fr, Starzik.com, 121musicstore.eu, Xbox.com, Simfy.de, Musit.net, etc.

Si votre release est "Electro" ou "Dance", elle sera disponible sur Beatport.com dans 10 jours en moyenne

Sous 8 semaines en moyenne pour l'ensemble du NetWork et 3 à 8 semaines minimum pour iTunes (disponible en 24H sur iTunes si vous avez publié votre release sur AIRPLAYBUZZ.COM)

Dans les 24H, si vous avez publié votre release sur la Base Médias Internationale AIRPLAYBUZZ, votre release sera en playlist sur NETRADIO (http://www.netradio.fr et sur FREEBOX, SFR NEUFBOX, BBOX, ORANGE) (Moyenne de 200 000 ouvertures de player par jour)

Si vous disposez d'un iPhone, téléchargez l'App NETRADIO, rendez-vous gratuitement ici : http://itunes.apple.com/fr/app/netradio/id377607138?mt=8

Si vous disposez d'une FAN PAGE sur FACEBOOK, adhérez sur http://likebaguette.net/from_16681 afin de considerablement augmenter, gratuitement et légalement, le nombre de fans sur votre page.

Nous vous invitons dès à présent à rejoindre gratuitement le réseau "HEADLINER" sur http://headliner.fm/exchange/ref/9019 (Buzz partagé sur Myspace, Facebook et Twitter)

IMPORTANT : Pour garantir le succès des ventes de votre release ID 2280 Stephane Ternoise – "Vivre autrement", il est impératif de mettre en place une promotion professionnelle et ainsi donner une visibilité accrue du fruit de votre travail.

- Vous disposez d'un petit budget ? AIRPLAYBUZZ vous donne accès dès 99,00 € pour un SINGLE (1 titre) à plus de 40 000 médias dans 52 pays ! (Mise à disposition aux médias, Feedbacks hebdomadaires chaque semaine, tracking des diffusions radio inclus)

La publication sur AIRPLAYBUZZ s'effectue via cette page : https://www.promobuzz.fr/airplay-buzz/

- Vous disposez d'un budget de promotion ? L'agence PROMOBUZZ.FR vous propose une solution complète et ciblée pour une promotion de très haut niveau. Plus d'informations sur cette page : https://www.promobuzz.fr/offre-detaillee/

N'oubliez pas qu'un Single, Ep, Maxi ou Album sans promotion est un produit qui restera totalement inconnu et qui risque par conséquent de ne pas se vendre.

Concernant la promotion, Ksenia Dykina est à votre disposition par courriel sur service.client@promobuzz.com pour vous aider dans votre promotion et votre mise en avant.

MERCI DE NE PAS REPONDRE A CE COURRIEL ! IL VOUS EST ENVOYE AUTOMATIQUEMENT PAR UN ROBOT A TITRE INFORMATIF.

Nous vous remercions de votre confiance,

Jennifer PARIS
Digital Content Manager
Label Digital ALIEN PROD
T. France 0 899 23 23 89
T. Belgique 0 902 40 106
T. Suisse 0 901 700 905
T. Canada 1 900 548 44 75
F. +33 821 90 05 34

http://www.alienprod.fr
http://www.stationtubes.com
http://www.netradio.fr
http://www.indecouvertes.com »

À 15 h 06, Jennifer Paris m'écrivait ce jour-là : « Le service de Support ALIEN PROD disparaît. Le site ALIENPROD.FR

disparaîtra également fin du mois. Une nouvelle plate forme va être lancée, vous en serez informé en tant et heure.
N'hésitez pas à me solliciter. »
J'avais noté : « "Vivre autrement" est encodé depuis février, mais n'a pas été livré... alors que la sortie était prévue le 15 mars.
Je ne comprends pourquoi la livraison ne fut pas effectuée alors que j'ai reçu un mail le 21 février
"Cette release sera rapidement livrée sur les serveurs de l'ensemble de nos CLIENTS correspondants au genre musical des ouvres qu'elle contient." »

Les sollicitations de "promobuzz" se sont alors déversées sur le producteur... Jamais *Immateriel* ne m'a conseillé de claquer un budget promo et même ne m'a présenté de partenaire chargé de la médiatisation. Cette approche incitative à la dépense m'avait certes déplu...

Le 13 juillet 2015 à 17h50 j'écrivais à promobuzz

« Bonjour Jennifer ou autres,

J'ai signé un contrat de distribution avec Alien Prod. 2 albums.

Et http://www.alienprod.fr comme http://www.myalienprod.com ont fermé. Les sites devaient être remplacés par un autre... mais ce ne fut pas le cas... donc aucun accès aux statistiques.
Et il n'y eut même aucun versement de droits à la sacem... ce qui ne me semble pas normal...
Je reçois simplement des mails " https://www.promobuzz.fr " pour tenter de me faire payer de la publicité...

Dois-je transmettre le dossier à la sacem ?

Amitiés,
Stéphane Ternoise
www.chansons.org »

Le jour même :

« Bonjour,

Nous faisons suite à votre demande de contact du 13 Juillet 2015.

Il semble que votre demande ne concerne aucunement la société PROMOBUZZ.

Notre ancien partenaire commercial, le label / Distribteur Digital "Alien Prod" auquel vous faites allusion dans votre courriel n'existe plus depuis 2013.

Nous ne pouvons vous aider. Cette société a été liquidée par voie judiciaire et semble radiée à présent.

PROMOBUZZ opère la Base Média Internationale AIRPLAYBUZZ permettant la mise à disposition des projets musicaux auprès de plus de 20 000 stations de radio sur 52 pays.

N'hésitez pas à nous solliciter si vous avez des questions concernant nos services.

Merci de votre compréhension,

Bien à vous,

Cordialement,

Ksenia DYKINA

PROMOBUZZ | http://www.promobuzz.fr
AIRPLAYBUZZ | http://www.airplaybuzz.com »

Simple coïncidence ? Mes albums ont alors étés retirés des sites de ventes.

Où a disparu l'argent des quelques ventes ?... Car il y eut quelques ventes durant les quelques semaines de statistiques. Aucun droit sacem versé. Où ont disparu les droits sacem ? Ne devaient-ils pas être directement versés à "notre société", qui m'en comptabiliserait 80% et ne me reverserait sûrement rien grâce au passage de la célébrissime "cotisation sacem" ?

En août 2015 la page http://www.dailymotion.com/alienprod note toujours :

« Alien Prod est un label indépendant membre de la SCPP et de MERLIN NETWORK. Nous sommes le premier distributeur digital d'Europe avec plus de 80000 licences en catalogue. »

On trouve également encore une présentation promotionnelle :
« ALIEN PROD se charge totalement gratuitement de Numériser, Sécuriser (DRM), Distribuer vos oeuvres dans le monde entier !

PROMOTION / MARKETING : ALIEN PROD se charge de la promotion de vos oeuvres au travers des médias concernés et d'un vaste réseau professionnels !

ALIEN PROD travaille aujourd'hui avec plus de 400 plates-formes dans le monde entier dont ITunes, FnacMusic, NRJ.FR, VirginMega, MTV, MSN Music, Tzik.fr, Orange, Alice, M6 Music, E-Compil, Index Multimedia, Jet Multimedia, Universal Music Mobile, NRJ Mobile, M6 Mobile, TF1 Mobile, SFR...

Nous vous reversons 80% (...) généré par les ventes de vos oeuvres sur les plates formes.

Nous travaillerons avec vous sur la base d'un contrat de licence de distribution numérique non exclusif, établi avec le très réputé cabinet d'avocats à Paris : Gérard HAAS.

Aucun frais pour vous ! Vous pouvez bénéficiez de cette offre dès signature du contrat.

Merci de contacter exclusivement par email :

Christophe MARCY, Label Manager »

Le Paradou

Oui certains ont osé
Ailleurs se sont posés
Certains ont essayé
De ne plus s'ennuyer
De ne plus galérer
Ni sourire au pire

Ils ont su dire bonsoir
Aux liens illusoires
Aux gens bien qui riaient
Et ceux qui suppliaient
Tout ce qui les retenait
Dans la vie cloisonnée

Oui certains ont osé
Ailleurs se sont posés
D'un taudis de gadoue
Ont fait un Paradou
De courage et de clous
Ont fait un Paradou

Moi aussi j'en rêve
Retrouver ma sève
J'en rêve d'essayer
De ne plus m'ennuyer
De ne plus galérer
Ni sourire au pire

Je rêve d'un Paradou
D'un éternel mois d'août
Mais si je continue
Ce pays sans avenue
Je n'irai qu'en vacancier
Qui ne peut rien apprécier

Oui certains ont osé
Ailleurs se sont posés
D'un taudis de gadoue
Ont fait un Paradou
De courage et de clous
Ont fait un Paradou

Le 19 février 2015 Mattias Vegas participait au "Tremplin découverte" de France Bleu "*C'est ma chance*". Une diffusion nationale du Paradou. Mais une défaite, donc une absence de "retour en finale", ce tremplin consistant à trouver le maximum d'amis appelant avant le passage à la radio et quelques minutes ensuite (car il faut rapidement donner le résultat).
Un peu de "droits sacem" nous attendent ? Car ce texte demeure en dépôt provisoire chez l'incontournable collecteur et glouton financier de la musique. Avec Mattias, nous avançons vers l'album... y parviendrons-nous ? Tellement de projets se sont évaporés. On fait des choses mais elles arrivent rarement au grand public... certaines n'arrivent même pas au delà de notre entourage... Surveillez... www.chansons.org, la bonne nouvelle vous y sera annoncée en exclusivité...

La fille aux 200 doudous

Dans sa chambre on avance
Au p'tit bonheur la chance
On voit pas d' place dans son lit
Même l'oreiller est envahi

C'est la fille aux 200 doudous
Y'en a partout
Y'en a partout
C'est la fille aux 200 doudous
Tous les p'tits loups en sont jaloux

Chacun a son surnom
D'abat-jour à zombon
Et comme faut d'la discipline
Y'a prison sous les pulls marines

C'est la fille aux 200 doudous
Y'en a partout
Y'en a partout
C'est la fille aux 200 doudous
Tous les p'tits loups en sont jaloux

Les jours de la semaine
S'appellent fête des big ben
Fête des lapins chats canards
Oursons toutous et des bizarres

C'est la fille aux 200 doudous
Y'en a partout
Y'en a partout
C'est la fille aux 200 doudous
Tous les p'tits loups en sont jaloux

Blondin
Scènes 2014-2015

La bête immonde maquillée

C't'en traînant les pieds le plus souvent
Qu'on fait son devoir dans l'isoloir
On exprime son mécontentement
On vote comme des sans-mémoires

Comment choisir, ma foi
Ce sont des clones, quelquefois

Démocratie
Rien n'est écrit
On se croit à l'abri
D'une agonie
La bête immonde est maquillée

En présentant des incompétents
En soutenant un magouilleur notoire
Les grands partis font l'jeu des truands
Offrent aux extrêmes un boulevard

Je doute qu'ils servent l'Etat
Avec leurs montres Séguéla

Démocratie
Rien n'est écrit
On se croit à l'abri
D'une agonie
La bête immonde est maquillée

Oligarchie
Clan des nantis
Quand l'pays s'assoupit
L'hydre surgit
Sait falsifier
Endoctriner

Démocratie
Rien n'est écrit
On se croit à l'abri
D'une agonie
La bête immonde est maquillée

Blondin
Scènes 2014-2015

Tu seras ministre mon fils

C'est parce que tu aimes les gens, que tu t'engages dès maintenant
Tu veux suivre mon chemin, tu sais bien que c'est ton destin
Notre idéal Républicain

Dès qu't'auras ton mandat en poche, tu seras un homme mon mioche
Pour gagner les élections, un dernier p'tit conseil fiston
Cache bien qu'on les prend pour des cons

Salariés patrons comme chômeurs, ce ne sont que des électeurs
Use et abuse des promesses, les belles phrases passent au 20 heures
Faut qu'tu d'viennes un grand orateur

Tu sais parfaitement mentir mais c'est du grand art de trahir
Faut choisir le moment quand personne ne s'y attend
Et tu s'ras ministre d'ici 20 ans

Blondin
Scènes 2014-2015

J'ai assumé ma voix

J'ai assumé ma voix
Je me fous bien de leurs scuds
Ils trouveront des similitudes
Je sais qu'les chiens aboient
Quand les chanteurs apparaissent
J'vous donne mes mots à mordre, vous n'aurez pas mes fesses

J'ai assumé ma voix
Je sais que la pente est rude
Le public tient à ses habitudes
Il ne nous attend pas
Si on ne tient pas ses promesses
On finira animateur de kermesses

On est tous le fruit de nos influences, de nos tourne-disques
Sauf si tu descends de la planète sans musique
J'en ai bavé quelques années
Je n'savais pas quoi répondre à ces mots ficelés
« Tu sais tu l'as trop écouté
Le chanteur énervant t'en es trop imprégné »

J'ai assumé ma voix
Je ne suis pas Jean Ferrat
Ni même Renaud, Hubert Félix ou Dalida
J'ai assumé ma voix
Y'a eu Brassens avant moi
Antoine et Dylan j'vous en fais pas tout un plat

On est tous le fruit de nos influences, de nos tourne-disques
Sauf si tu descends de la planète sans musique
J'en ai bavé quelques années
Je n'savais pas quoi répondre à ces mots ficelés
« Tu sais tu l'as trop écouté
Le chanteur énervant t'en es trop imprégné »

J'ai assumé ma voix
Ça vous donne pas l'droit d'provoquer
Certaines réflexions ont le don de me gonfler
Même si c'est pas bien méchant
Comprenez que je l'entends tout l'temps
« Avoue qu't'es l'fils caché de Renaud l'énervant ! »

On est tous le fruit de nos influences, de nos tourne-disques
Sauf si tu descends de la planète sans musique
J'en ai bavé quelques années
Je n'savais pas quoi répondre à ces mots ficelés
« Tu sais tu l'as trop écouté
Le chanteur énervant t'en es trop imprégné »

J'en ai bavé quelques années
Dire parce qu'il est né avant moi j'ai hésité
Face au « tu l'as trop écouté »
Mais le prochain finira la soirée entarté

Blondin
Scènes 2014-2015

Un peu pour vous

J'ai appris que les rythmes passent par le cœur
À fabriquer une chanson
J'ai appris à répéter durant des heures
Pour effleurer le meilleur son
J'ai appris à gérer quand monte la peur
À oublier les trahisons
J'ai compris que l'silence est une douceur
Dans un hôtel yeux au plafond

Je vous le dois pour sûr un peu beaucoup
Je reste debout aussi un peu pour vous

J'ai appris à rester de bonne humeur
Qu'ça sert à rien d'tourner en rond
Même quand l'ingénieur du son n'est qu'un branleur
Que c'est juste le fils du patron
On te r'file un croc en plus froid à huit heures
Et t'auras droit qu'à deux boissons
Salle pourrie dénichée par not' producteur
Requin qui nous prend pour des pions

Je vous le dois pour sûr un peu beaucoup
Je reste debout aussi un peu pour vous

J'ai appris à sourire d'vant des inspecteurs
Qui fouillent même les roues du camion
À gérer le poivrot qui hurle sa rancœur
Et la star qui t'laisse l'addition
J'ai appris à soigner bien des p'tites douleurs
À partager mes émotions
Signer des autographes entourés d'un cœur
Rejouer au bar trois chansons

Je vous le dois pour sûr un peu beaucoup
Je reste debout aussi un peu pour vous

Blondin - *Scènes 2014-2015*

Blondin et la bande des terriens...

La fille aux 200 doudous c'est, à l'origine, une pièce de théâtre où les chœurs sont priés de reprendre un refrain... celui d'une chanson un jour arrivée devant les yeux de Blondin, qui en fit... une vraie chanson, depuis "versant câlin" de son spectacle avec sa *bande des terriens...* Parfois des enfants franchissent les barrières, envahissent la scène... La sécurité est affolée... Mais non, ce ne sont pas des filles et fils de ministres, juste des mômes parfois venus à la fête avec leur doudou...

La pièce *La fille aux 200 doudous ?* Mon grand succès théâtral ! 10 minutes... Désormais traduite en espagnol par María del Carmen Pulido Cortijo, italien par Martina Caputo, anglais par Kate-Marie Glover et allemand par Jeanne Meurtin.
J'ai assumé celle en chti.

Blondin et la bande des terriens ont besoin de jouer, des dates, toujours des dates... Naturellement, plus de chansons, dont quelques co-écritures, forment ce show... Certaines restent « en mouvement »... Un jour, c'est un projet, un livre sera consacré aux relations Blondin-Ternoise... mais il me faut encore progresser dans le versant photo avant d'immortaliser une mémorable soirée...

La chanson dans ma vie...

Environ 600 textes destinés à la chanson déposés à la sacem.

Interprété pour la première fois sur scène par la chanteuse québécoise Renée-Claude Gaumond, en spectacle de clôture lors des Rencontres d'Astaffort 1998.
Gravé pour la première fois sur CD par la star du Burkina Faso, Sami Rama. Avec cet album, elle obtenait un Kundé d'or, une victoire de la musique, meilleure interprète de l'année 2002.

Et maintenant ? Blondin, Mattias, Magali et Dragan... Aujourd'hui mon avenir semble le plus associé à ces compositeurs-interprètes. Mais on ne sait jamais. Ce livre peut par exemple servir de détonateur avec Lor, Camus, Guy ou David...

Qui me surprendra, se surprendra ? Sami Rama repassera en France ?

Tant qu'une chose n'est pas réalisée, on n'est certain de rien... Et tant qu'on reste vivant, tout est possible et rien n'est incertain... ou presque...
Magali Fortin m'a présenté fin août (nous sommes en 2015...) les premiers extraits de son "*Voyage à Koustic*", album de son répertoire revisité en acoustique, dont "*une seule et même couleurS*"...

Stéphane Ternoise

À 25 ans, Stéphane Ternoise a quitté le confortable statut de cadre en informatique (qui plus est dans le douillet secteur des assurances), pour se confronter à son époque, essayer de vivre de sa plume en toute indépendance. Il redoutait de finir pantin d'un grand groupe où même les maisons historiques peuvent se retrouver avec Jean-Marie Messier ou Arnaud Lagardère comme grand patron.
Stéphane Ternoise est auteur-éditeur depuis 1991, devenu spécialiste de l'auto-édition professionnelle en France. Il créa « logiquement » http://www.auto-edition.com en l'an 2000, une activité alors quasi absente du web !
Son éclairage sur l'univers de l'édition française a rapidement suscité quelques difficultés, dont une assignation au Tribunal de Grande Instance de Paris, en juin 2007, par une société pratiquant le compte d'auteur, finalement déboutée en septembre 2009.

Dans un relatif anonymat, avant la Révolution Numérique, l'auteur lotois a néanmoins réussi à publier 14 livres en papier, à continuer en vivant de peu. Depuis 2005, ses livres étaient également en vente, marginale, en version numérique. Il s'agissait d'abord de simples PDF.
L'auteur-éditeur a consacré l'année 2011 à la réalisation de son catalogue numérique, publiant ainsi ses pièces de théâtre, sketchs et textes de chansons en plus des romans, essais et recueils adaptés aux formats epub et Mobipocket Kindle...

La multiplication des questions et l'information approximative balancée sur de nombreux blogs par de néo-spécialistes de l'auto-édition autopublication, l'ont décidé à écrire sur cette révolution de l'ebook. Le guide l'auto-édition numérique est ainsi devenu son web best-seller !

Depuis octobre 2013, et son « identifiant fiscal aux États-Unis », son catalogue papier tend à rattraper celui en pixels.

Il convient donc de nouveau d'aborder l'auteur sous le biais de l'œuvre. Ainsi, pour vous y retrouver, http://www.ecrivain.pro essaye de fournir une vue globale. Et chaque domaine bénéficie de sites au nom approprié :

http://www.romancier.org
http://www.parolier.org

http://www.essayiste.net

http://www.dramaturge.fr
http://www.lotois.fr

Vous pouvez légitimement vous demander pourquoi un auteur avec un tel catalogue ne bénéficie d'aucune visibilité dans les médias traditionnels. L'écriture est une chose, se faire des amis utiles une autre !

9	**Les bulles**	Renée-Claude Gaumond (I)
		Renée-Claude Gaumond et Philip Bayle (C)
11	**Afrique / Occident**	Sami Rama (I)
		Abdoulaye Cissé (C)
13	**Loana**	Pierre Galliez (I et C)
16	**La Folie**	Pierre Galliez
17	**Trouver quelqu'un**	Gérald Devaux
18	**3, 4 WHISKIES**	Magali Fortin
21	**Les hirondelles**	Pierre Galliez
22	**Mes amis d'autrefois**	Pierre Galliez
23	**À la braderie**	Pierre Galliez
25	**Quand les bulles ne sont plus rondes**	Pierre Galliez
27	**Les Noix**	Pierre Galliez
28	**Faire Succès**	Pierre Galliez
30	**La fille aux cent mille départs**	Pierre Galliez
31	**Éne bier**	Pierre Galliez
33	**Les déboires Leclerc**	Stéphane Vazzoler
35	***Album CD* SARKOZY Selon Ternoise**	
37	**Cette année-là présidentielle** (parodie)	Paul Glaeser (I)
39	**Fusion Pierre Perret Sarkozy** (parodie)	Stéphane David
42	**Doc le Sarko** (parodie)	Frédérique Zoltane
45	**Les Sarkonneries**	Doc-Vazzo
47	**Putain d'élections 2007** (parodie)	Christophe O'Neil
48	**Le Sarko du métèque** (parodie)	Patrice
50	**C'est un fameux Sarko** (parodie)	Stéphane David
52	**Si Sony censure sa star**	Doc-Vazzo

53	**Si Sarko si** (parodie)	Frédérique Zoltane
55	**La danse du caviar** (parodie)	Stéphane David
58	**Il court, il court, le Sarko** (parodie)	Doc-Vazzo
59	**Gagner l'Elysée** (parodie)	Patrice
60	**Une Voynet verte** (parodie)	Stéphane David
62	**Ségolène** (parodie)	Frédérique Zoltane
64	Album *SAVOIRS*	
65	**Tout allait pour le mieux**	NED
66	**La douleur s'évapore**	Stéphane Deprost
67	**4e décennie**	Guy Sagnier
69	**Petite main**	Doc-Vazzo
70	**Des graines de lumière**	Camus
72	**La caissière**	Doc-Vazzo
73	**En secret**	Guy Sagnier
75	**Travail bye bye**	Doc-Vazzo
77	**Pourquoi Because**	NED
79	**La paix de l'âme**	Camus
80	**La voie spirituelle**	Stéphane Deprost
82	**Savoir**	NED
84	**Le téléphone tremble** (parodie)	Benjy Dotti
88	**Les Sarkos** (parodie)	Benjy Dotti
91	**Le Permis d'aimer** (parodie)	Benjy Dotti
94	**Deuxième génération Sarkozy** (p)	Benjy Dotti
97	**Sarkozizi méchant Sarkozizi** (parodie)	
98	**Le footballeur du coup d'boule** (p)	Guillaume Ibot
100	**Français, tu dors** (parodie)	
101	Album *Vivre Autrement (après les ruines)*	
103	**On laisse détruire l'indispensable**	David Walter
104	**Justice j'écris ton nom**	Blondin
107	**Les lois du marché de la création**	Dragan Kraljevic

108	**Manipulés**	Lor
110	**Une seule et même couleurS**	Magali Fortin
112	**Amour Encore une nuit sans toi**	Dragan Kraljevic
113	**Silicone**	Yann Ferant
114	**Les tortionnaires de la terre**	Blondin
116	**T'as choisi**	Dragan Kraljevic
117	**Une usine à rêve**	Lor
119	**Celui que je serai**	David Walter
120	**Continuer d'y croire**	Yann Ferant
122	**Les ruisseaux**	Blondin
124	**Vivre autrement**	Lor
125	La distribution numérique des albums	
132	**Le Paradou**	Mattias Vegas
134	**La fille aux 200 doudous**	Blondin
135	**La bête immonde maquillée**	Blondin
137	**Tu seras ministre mon fils**	Blondin
138	**J'ai assumé ma voix**	Blondin
140	**Un peu pour vous**	Blondin
141	Blondin et la bande des terriens...	
142	La chanson dans ma vie...	
143	Auteur	

23 interprètes

Blondin	**Justice j'écris ton nom**	104
	Les tortionnaires de la terre	114
	Les ruisseaux	122
	La fille aux 200 doudous	134
	La bête immonde maquillée	135
	Tu seras ministre mon fils	137
	J'ai assumé ma voix	138
	Un peu pour vous	140
Camus	**La paix de l'âme**	79
	Des graines de lumière	70
David Stéphane	**Fusion Pierre Perret Sarkozy**	39
	C'est un fameux Sarko	50
	La danse du caviar	55
	Une Voynet verte	60
Deprost Stéphane	**La douleur s'évapore**	66
	La voie spirituelle	80
Devaux Gérald	**Trouver quelqu'un**	17
Dotti Benjy	**Le téléphone tremble**	84
	Les Sarkos	88
	Le Permis d'aimer	91
	Deuxième génération Sarkozy	94
Ferant Yann	**Continuer d'y croire**	120
	Silicone	113
Fortin Magali	**3, 4 WHISKIES**	18
	Une seule et même couleurS	110

Galliez Pierre	**Loana**	13
	La Folie	16
	Les hirondelles	21
	Mes amis d'autrefois	22
	À la braderie	23
	Quand les bulles ne sont plus rondes	25
	Les Noix	27
	Faire Succès	28
	La fille aux cent mille départs	30
	Éne bier	31
Gaumond Renée-Claude	**Les bulles**	9
Glaeser Paul	**Cette année-là présidentielle**	37
Ibot Guillaume	**Le footballeur du coup d'boule**	98
Kraljevic Dragan	**Amour Encore une nuit sans toi**	112
	T'as choisi	116
	Les lois du marché de la création	107
Lor	**Vivre autrement**	124
	Une usine à rêve	117
	Manipulés	108
NED	**Tout allait pour le mieux**	65
	Pourquoi Because	77
	Savoir	82
O'Neil Christophe	**Putain d'élections 2007**	47
Patrice	**Le Sarko du métèque**	48
	Gagner l'Elysée	59
Sagnier Guy	**4e décennie**	67
	En secret	73
Sami Rama	**Afrique / Occident**	11

Vazzoler Stéphane	**Les déboires Leclerc**	33
(Doc-Vazzo)	**Les Sarkonneries**	45
	Si Sony censure sa star	52
	Il court, il court, le Sarko	58
	Petite main	69
	La caissière	72
	Travail bye bye	75
Vegas Mattias	**Le Paradou**	132
Walter David	**On laisse détruire l'indispensable**	103
	Celui que je serai	119
Zoltane Frédérique	**Doc le Sarko**	42
	Si Sarko si	53
	Ségolène	62

La couverture

Il s'agit de vitraux d'églises lotoises. Un écrivain athée peut apprécier l'art religieux... Et réaliser des clins d'œil...

- Représentation de Sainte Cécile, nullement l'épouse de M. Laurent Petitgirard, président du Conseil d'Administration de sacem, mais "patronne" des « *musiciennes, musiciens, brodeuses et brodeurs.* » Donc, certes pas des "auteurs de chansons"... **Même si certain(e)s se classent parmi les brodeuses et brodeurs.**

Cécile de Rome, du "premiers temps du christianisme", aurait peut-être vécu sous le règne de Marc Aurèle, stoïcien à lire.

Selon sa légende, vierge, mariée de force, elle continua à respecter son vœu de virginité, et parvint à convaincre son mari de suivre cette voie. Ce qui ne la prédestinait donc pas à devenir l'amie des chanteurs...

- Et une statue de Saint François de Salles, patron des écrivains (ce n'est ni monsieur Gallimard ni monsieur Lagardère).

- Et une statue découverte dans la basilique Saint Sernin de Toulouse : Saint-Benoît Labre, (né le 26 mars 1748 à Amettes, ayant vécu à Conteville, à quelques kilomètres de la terre de mon enfance), Saint patron, entre autres, « *des mendiants, des pèlerins, des itinérants.* »
Des itinérants du spectacle ?

Verso (livre papier) : sculpture extérieure de la basilique Saint Sernin.

Mentions légales

Tous droits de traduction, de reproduction, d'utilisation, d'interprétation et d'adaptation réservés pour tous pays, pour toutes planètes, pour tous univers.
Site officiel : http://www.ecrivain.pro

ISBN 978-2-36541-686-3
EAN 9782365416863

Un auteur chanté n'est pas forcément entendu ni payé de Stéphane Ternoise
© Jean-Luc PETIT - BP 17 - 46800 Montcuq - France

www.ingramcontent.com/pod-product-compliance
Lightning Source LLC
LaVergne TN
LVHW050045090426
835510LV00043B/3028